Claude Selis

Guerre et paix dans l'histoire de la pensée au XVII-e siècle

Claude Selis

Guerre et paix dans l'histoire de la pensée au XVII-e siècle

Tome II

Éditions Croix du Salut

Imprint

Cover image: www.ingimage.com

Publisher:
Éditions Croix du Salut
is a trademark of
Dodo Books Indian Ocean Ltd. and OmniScriptum S.R.L publishing group

120 High Road, East Finchley, London, N2 9ED, United Kingdom
Str. Armeneasca 28/1, office 1, Chisinau MD-2012, Republic of Moldova, Europe
Printed at: see last page
ISBN: 978-620-6-17085-3

Présentation

Dans un premier volume, j'avais abordé la thématique "Violence, guerre, paix" dans les oeuvres philosophiques de l'Antiquité à la Renaissance (50 oeuvres étudiées de ce point de vue). Je me devais de continuer l'enquête et j'étais parti pour un second volume couvrant la période du 17° au 19°s. (en attendant un troisième sur le 20°s. ?) selon les mêmes principes et le même plan. Il se fait que la matière était tellement abondante pour le 17°s. qu'il remplissait déjà à lui seul un volume entier. Une dizaine d'auteurs ont été retenus mais ce sont surtout les "annexes" qui ont pris de l'ampleur. Elles forment ici des chapitres à part entière sur les grands conflits, les grandes batailles, les grands capitaines, l'armement. Ces éléments donnent une idée du contexte dans lequel ces auteurs ont vécu (certains en ont souffert personnellement) et qui ont peu ou prou influencé ou directement nourri leur réflexion. Ce livre se présente donc en même temps comme un précis d'histoire militaire du 17°siècle sous une forme permettant une consultation rapide.. La documentation pour cette période est surabondante mais très disséminée. Il est d'autant plus précieux de disposer d'inventaires raisonnés de faits, de noms et de dates qui aideront à reconstituer ce siècle de batailles incessantes et à en comprendre les enjeux pas à pas à travers des détails concrets.

N.B.: SELIS, C., Guerre et paix dans la pensée profane et chrétienne,

vol.1: de l'Antiquité à la Renaissance, 2020, 144 p., ISBN: 978-613-7-37239-5

CHAPITRE 1

LES OEUVRES D'AUTEURS

Peu d'oeuvres comportent les mots Violence, Guerre, Paix dans leur titre (sauf celle de Grotius et un très bref opuscule de Leibniz). Ce n'est pas pour cela qu'il n'en est pas question. La problématique y est présente dans des oeuvres plus générales de philosophie politique ou de droit ou sous le thème de la tolérance (religieuse), le thème hyper-sensible de l'époque. Les oeuvres, relues à neuf, sont présentées dans leur ordre chronologique.

§ 1	GROTIUS	*Le Droit de la guerre et de la paix*	1625
§ 2	HOBBES	*Léviathan*	1651
§ 3	PASCAL	*Pensées*	1670
§ 4	SPINOZA	*Traité théologico-politique*	1670
§ 5	PUFENDORF	Droit de la nature et des gens	1672
§ 6	BOSSUET	*Discours sur l'histoire universelle*	1681
§ 4	LEIBNIZ	*Consultation sur la guerre*	1684
§ 8	BAYLE	*De la tolérance*	1686
§ 9	LOCKE	*Traité du gouvernement civil*	1690
§ 10	FENELON	*Les aventures de Télémaque*	1699

§ 1

GROTIUS

LE DROIT DE LA GUERRE ET DE LA PAIX (1625) [1]

Le Droit des gens avant le Droit des Nations

Cette oeuvre est considérée comme fondatrice du "Droit des gens" en un siècle où les Nations commençaient à imposer leur volonté absolue au nom d'une "raison d'Etat" (depuis Machiavel 1513, Bodin 1576, et Bottero 1589). Les droits des individus y sont défendus contre les prétentions des Etats et les Etats sont traités comme des individus. En ce sens, son Traité se situe parfaitement dans l'esprit de la Réforme et de son siècle en général. Cette oeuvre se veut pure théorie, complète, ordonnée, non partisane.

Au départ, Hugo De Groot (né en 1583 à Delft) était un brillant avocat d'affaires au service de la bourgeoisie néerlandaise marchande. Un de ses premiers ouvrages (*Mare liberum*, 1608) revendiquait la liberté de navigation sur les océans. Ce principe a l'air libéral et très généreux. Il s'agissait en fait de défendre les droits commerciaux de la Hollande contre des Puissances concurrentes (Angleterre, Espagne, Portugal, Suède, ...). C'est par là qu'il est entré dans le Droit international.

Ayant pris, dans ce contexte, fait et cause dans les querelles politiques et religieuses qui agitaient la Hollande à l'époque, entre le parti "marchand" (représenté par le ministre Barneveld dont Grotius était proche) et le parti "guerrier" (Maurice Nassau, oeuvrant à l'indépendance politique du pays à peine formé), mais aussi entre les Arminiens (dits aussi Remontrants, parti calviniste modéré et même très libéral, sinon même assez rationaliste) et les Gomariens (parti calviniste strict), Grotius fut condamné à la prison à perpétuité mais il parvint à s'évader et trouva asile en France, à Senlis (au Nord de Paris), en milieu catholique, où il fut très bien accueilli (de 1621 à 1630). C'est là qu'il écrivit son Traité

[1] Original en latin: *De iure belli ac pacis,* traduit par J. Barbeyrac (lui-même juriste très érudit qui ajoute de très nombreuses notes, très documentées) Amsterdam, 1724; rééd. anastatique: Public. Université de Caen, ss. dir. de S. Goyard-Fabre, 1984;

(1625). Dans sa préface, Grotius fait à peine une allusion à sa situation personnelle d'exilé et aucune à la situation politique du moment, volontairement. Il fit une tentative de retour dans son pays vers 1630-31 mais dut s'exiler à nouveau. Il fut accueilli par la reine Christine de Suède (qui fut également la protectrice de Descartes et l'hôtesse de tant de grands esprits du siècle). Elle le nomma "ambassadeur" de Suède en France, à Paris, auprès de Louis XIIII (de 1633 à 1645), les relations diplomatiques étant très actives entre les deux pays dans le cadre de la guerre de Trente Ans. Souhaitant être relevé de sa fonction, il rentra à Stockholm pour en convenir avec la reine. Celle-ci ayant acquiescé, il s'embarqua pour rentrer en Hollande mais son navire s'échoua sur les côtes de Poméranie. Blessé, il décéda quelques jours plus tard à Rostock le 28 août 1645, âgé de 62 ans.

Son Traité est très long (1.001 pages dans l'édition de Barbeyrac) et très touffu (heureusement qu'il y a des sommaires en début de chapitres !). Il est en effet alourdi par de multiples citations qui témoignent, certes, d'une extraordinaire érudition juridique mais qui n'aide pas le lecteur à voir clair ni à voir le neuf.

Au niveau des sources, Grotius se réfère essentiellement aux auteurs antiques, grecs et latins. Il se réfère aussi à ce qui lui semble le plus rationnel chez d'autres auteurs, ainsi qu'à son propre raisonnement. Il veut ainsi reconstituer un Droit de la Nature (déduit par la Raison à partir de la Nature), immuable et universel, indépendant de circonstances particulières.

Il évoque également quantité de situations historiques ayant généré autant de décisions, formant finalement un Droit civil (coutumier au départ), purement humain, "volontaire" (fruit de la volonté de personnes ou d'institutions), arbitraire même s'il est plus ou moins raisonné, mais circonstanciel, et propre à chaque peuple ou Nation. Il s'agit de soumettre ces "coutumes" à un examen critique où la conformité à la Raison soit un critère et où les avis -rationnellement évalués- des "autorités" (auteurs grecs, latins, canonistes et jurisconsultes du Moyen-Age et de la Renaissance) en soient un autre. Il en résulte un Droit des Gens (*ius gentium*), plus général et rationnel que les droits coutumiers ou civils particuliers, qui peut devenir ainsi une deuxième source de Droit, moins assurée que le Droit de la Nature mais assez fiable et, surtout, plus souple, plus susceptible d'adaptations (cela donne aussi à Grotius l'occasion d'introduire de nombreux principes ad-hoc, faits sur mesure pour correspondre à ses propres principes moraux en lien avec des intérêts ou des situations de l'époque[2]).

Les références bibliques sont également très nombreuses. Elles relèvent cependant d'un Droit divin, également "volontaire" (puisque issu de la volonté divine), arbitraire en son fond puisqu'il y a diverses religions. Il peut y avoir de l'universel dans les préceptes bibliques (comme dans toutes les religions) mais ce qui est universel dans le Droit divin rejoint le Droit naturel. Ce qui lui est particulier (les lois pour les Hébreux par exemple) n'oblige pas les autres peuples, ni les Chrétiens. Les préceptes évangéliques, très positifs pour Grotius, obligent les Chrétiens mais ne peuvent interférer avec le Droit de la Nature. Ils seront éventuellement là pour inviter à la modération dans l'application du Droit de la Nature (assez radical et sauvage en lui-même !), mais au nom de la charité, non du Droit.

Les auteurs du Moyen-Age et de la Renaissance (surtout les canonistes et les jurisconsultes laïcs) sont aussi abondamment discutés. Grotius leur reprend leurs concepts quand ils sont compatibles avec son Droit de la Nature (unité fondamentale du genre humain, droit de légitime défense, droit de propriété, les trois critères thomistes de la guerre juste: autorité légitime, cause juste, intention droite, etc...).

Au-delà de la diversité de ces sources, il aboutit ainsi à distinguer des niveaux de droit, le Droit de la Nature étant le degré le plus élevé. Cela permet de résoudre nombre de contradictions apparentes ou d'introduire quantité de nuances. Mais le constant passage de l'un à l'autre ne favorise pas la clarté de l'exposé.

Le neuf tient en deux grandes tendances: la laïcisation du Droit (les sources religieuses ne sont pas supérieures ni normatives) et son individualisation (le critère -gréco-latino-chrétien- de sociabilité est bien présent dans tous les raisonnements, mais c'est l'individu qui devient le critère déterminant).

---

[2] Sa revendication de la liberté des mers a à voir avec les intérêts commerçants de la Hollande; ses doutes sur la légitimité de l'Empire Germanique va dans le sens des intérêts des princes allemands passés à la Réforme; le développement des droits et devoirs des entrepreneurs militaires privés vaut justification de cet usage dans la guerre de Trente Ans, ...

Au niveau du contenu, Grotius reprend (à Cicéron, St Augustin, St Thomas d'Aquin et les canonistes) la notion de Guerre Juste[3]. Il la reprend dans ses deux aspects: le droit à la guerre (*ius ad bellum*) et le droit dans la guerre (*ius in bello*).

Concernant le droit à la guerre, est toujours juste une guerre défensive (tout comme chaque individu a un droit absolu à la légitime défense de soi et de ses biens) ou pour recouvrer un droit ou un bien certain (la notion de propriété est centrale chez Grotius). Est toujours injuste une guerre offensive, de conquête, ou même préventive ("il ne suffit pas de craindre un péril"). Néanmoins, il s'agit d'une situation par défaut. S'il y avait une instance supérieure arbitrale (comme les tribunaux dans les affaires privées), il faudrait passer par ces instances. En tout cas, il faut préférer la conciliation et l'arbitrage.

Mais s'il y a guerre (et donc au niveau du droit dans la guerre), tous les droits seront du côté de la Puissance qui mène une guerre juste. La nation en droit peut tuer, détruire, ravager, s'approprier, en se limitant en principe à la réparation du tort et autant que possible à ce qui est nécessaire pour emporter la victoire. Sur ce point, Grotius est plus radical que les canonistes[4]. La nation en tort (et, solidairement, tous ses sujets et alliés) perd tout droit. Grotius prêche cependant la modération, au nom de la charité, non du Droit, mais aussi au nom d'intérêts économiques (réutilisation des biens, rançonnement des prisonniers, ...) et des intérêts postérieurs à la situation de guerre (reprise de confiance, éventuelle gratitude, éventuelles alliances).

Une guerre peut-elle être juste des deux côtés à la fois ? Pour Grotius, c'est logiquement impossible. Dans les cas douteux, un souverain doit demander conseil et s'abstenir (ne pas exercer son droit) si le doute se confirme. Il peut arriver cependant qu'un souverain se croit dans son droit en toute bonne foi ou par ignorance de choses. Les ambassadeurs devraient pouvoir corriger la situation.

---

[3] Cela pourrait étonner dans un raisonnement de Droit de la Nature puisqu'il est fait appel à un principe moral. Grotius s'en tire en disant "car le mot Droit ne signifie ici autre chose que ce qui est juste" (*ius* et *iustum* en latin). Or dans la Nature, il n'y a pas de juste ou d'injuste, notions morales relatives.

[4] Voir l'analyse minutieuse de Peter Haggenmacher, Grotius et la doctrine de la guerre juste, PUF, Paris, 1983, 682 p.

Au-delà de ces grands principes, Grotius envisage une infinité de cas concrets qui ne nous intéressent plus actuellement (sauf pour la structure des raisonnements) mais qui ont pu être utiles à l'époque. Sa somme fut fort appréciée.

Elle aborde aussi quantité de problèmes relevant du Droit civil (droit de propriété, d'usage, de passage, de succession, les contrats, le mariage, les promesses et serments, les sépultures, la réparation des dommages, etc..., etc...). Ces matières ont l'air bien éloignées de la problématique de la guerre, sauf que toutes peuvent devenir des situations de conflits. Un Droit civil bien complet, conçu en dehors de circonstances particulières et largement reçu parce que rationnel, peut permettre de les éviter ou de les résoudre sans passer par la violence. Comme, pour Grotius, il en est entre les Etats comme entre les individus, l'application aux cas de guerre se fait aisément. Il en fait d'ailleurs l'application lui-même.

Son "Droit de la paix" (les 5 derniers chapitres du dernier livre, soit 55 pages sur 1.000) n'envisage pas une théorie générale des relations internationales mais seulement la négociation des cessez-le-feu, des trêves, de l'échange ou du rachat des prisonniers, des conventions particulières pendant une guerre, des traités de paix.

Ses conclusions (chap.25, 3 pages) sont vraiment minces. Elles se limitent à une exhortation à ne pas rompre la relation de confiance entre belligérants et à rechercher la paix.

On pourrait s'exalter devant ce monument de la défense du droit des individus. On peut aussi le considérer comme une défaite: il n'y a plus qu'à essayer de défendre un minimum de droits aux personnes individuelles face aux absolutismes des Etats.

§ 2

HOBBES

LEVIATHAN (1651)[5]

"Homo homini lupus"[6]

Il n'est pas douteux que les guerres civiles de l'Angleterre du 17°s., dont Hobbes fut le témoin angoissé, aient eu un impact majeur sur sa réflexion politique.

Pour échapper à l'anarchie et à l'instabilité politique de son pays, il s'exila même en France pendant onze ans (1640 - 1651). C'est là qu'il mit au point son Leviathan, qui est donc aussi le fruit - théorisé - d'une expérience personnelle. Il est en même temps un homme de la Renaissance, féru de sciences nouvelles (physique, mathématique) et convaincu de mécanicisme et de déterminisme, résolument individualiste et rationaliste.

Il prend comme point de départ l'homme individuel. En son état de nature, il veut tout, tout de suite, pour lui tout seul, tout le temps. En état de nature, il n'y a pas de morale qui tienne. Bien sûr, n'étant pas seul sur terre, les autres individus ont droit à en prétendre autant pour eux. Ce serait donc la guerre totale de tous contre tous, en permanence, sur tous les sujets. Il n'est pas difficile de prévoir que cela aboutirait à court terme à l'extinction même de l'humain. Dans un sursaut de bon sens instinctuel, l'individu se dit alors qu'il serait préférable d'en laisser vivre d'autres et donc de leur accorder un certain droit à protéger leur vie et les biens nécessaires à celle-ci. Ce pourrait être le point de départ d'un "contrat social" tacite. Malgré tout, subsisteront trois causes permanentes de conflit entre ces contractants tacites: la rivalité, la méfiance et le désir de supériorité. Rationnellement, l'homme devrait se dire que cet état d'insécurité et de peur empêche ou freine toute entreprise laborieuse, tout négoce, tout développement. Mais l'homme

---

[5] trad. française par F. Tricaud éd. Sirey, Paris, 1971

[6] l'homme est un loup pour l'homme

n'est pas rationnel. Il néglige ces éléments et les sacrifie à ses instincts d'accaparement des biens, de pouvoir sur les autres et, surtout, de supériorité par rapport à quiconque d'autre.

Comment en sortir ? Il faut qu'il y ait, à un moment donné, un pouvoir fort auquel les individus acceptent de déléguer leur pouvoir personnel (qui doit donc rester la source du pouvoir) à ce pouvoir supérieur (que l'on va appeler le Prince, quelle que soit la forme de ce pouvoir) mais à la condition expresse que celui-ci garantisse la sécurité des personnes et de leurs biens (sous peine de droit à la rébellion de ceux-ci). C'est ainsi que la guerre est à l'origine de toute la construction politique de Hobbes. On y a vu une justification idéologique de l'Etat totalitaire. Il y a d'abord et avant tout une obsession à trouver une Cité vivable, qui puisse assurer la sécurité et la prospérité de ses citoyens. En tout cas, la paix ne viendra pas d'une injonction morale à la bonne volonté. Il faudra qu'elle s'impose, sinon ce sera la mort.

Cette vision est très pessimiste mais elle résulte d'une observation très fine des comportements humains réels. Le fait de voir l'Etat comme une sortie de la violence sociétale est cependant douteux. Par quel miracle celui-ci serait-il toujours probe et vertueux, respectant son propre contrat ? Qu'est-ce qui empêcherait la violence de l'Etat de n'être pas pire que les violences interindividuelles ? Pourquoi sacrifier des libertés individuelles bien concrètes pour un monstre artificiel dont les multiples embryons n'ont jamais donné de résultats satisfaisants ou durables ?

§ 3

PASCAL, Blaise

PENSÉES[7] (éd.1670)

Ne pouvant faire que ce qui est juste fût fort,

on a fait que ce qui est fort fût juste" (fragment 298 Br.)

Les Pensées sont une oeuvre totalement inachevée, commencée sans doute à partir de 1657, interrompue par la mort de Pascal (de maladie) en 1662 (à l'âge de 39 ans), éditée par un cercle d'amis en 1670 (huit ans après sa mort). Le titre n'en n'a pas été prévu par Pascal et il n'est pas très approprié. Il ne s'agit pas en effet de pensées d'un sage délivrant les conclusions bien ficelées d'une vie de réflexion, mais de notes qui devaient servir à la rédaction d'une oeuvre qui n'a pas vu le jour. A côté de quelques pages plus élaborées et d'aphorismes bien tournés, ce ne sont que griffonnages, amorces de réflexions, pense-bêtes tout personnels, 921 fragments au total (dans l'édition Brunschvicg, notée Br. ci-après). Pascal en avait groupé certains en liasses mais beaucoup étaient flottants. L'ordre des liasses n'était pas connu. Les éditeurs posthumes ont bien été obligés de les présenter dans un ordre linéaire vu les contraintes de l'édition mais aucun ordre (Brunschvicg, Chevalier, Lafuma) n'est vraiment satisfaisant, tous sont discutables. Celui de Brunschvicg (adopté ici) est plutôt thématique. Il y a beaucoup de répétions, de reprises, suivant le moment où l'idée a été notée. L'ensemble n'offre pas un système bien articulé.

C'est son oeuvre la plus connue mais non la seule. Il avait déjà écrit un Traité des sons (1634, à 14 ans !), un Essai sur les coniques (1640, à 20 ans !). Il avait inventé une machine à calculer à 22 ans et conduit ses expériences sur le vide et la pression atmosphérique entre 1647 et 1651, publié un Traité sur le triangle arithmétique (1654). Une vie de physicien et de mathématicien ! C'est le 23 novembre qu'il connut

[7] diverses mises en ordre: Brunschvicg 1897, Chevalier 1922, Lafuma 1963, Mesnard 1964/1976, Sellier 1976; ici utilisée: ré-éd. Brunschvicg, Flammarion, Paris, 2008/2022

sa "nuit mystique" dont rend compte le Mémorial (une page retrouvée dans la doublure de son pourpoint, à la hauteur de son coeur). Il se retire alors à l'abbaye de Port-Royal (une implantation à Paris, une autre "aux champs", près de Paris) et se consacre à la réflexion religieuse (sans du tout renier sa carrière de scientifique). Il écrit Les Provinciales (1656-57), ses Ecrits sur la grâce (1657) et conçoit un projet d'Apologie de la religion chrétienne, dont les Pensées sont sans doute des bribes préparatoires.

Le problème de la violence n'est pas le thème majeur des Pensées mais il y occupe une place significative et la réflexion de Pascal à ce sujet est très neuve et spécifique. Pascal a vécu une expérience très concrète de violence civile avec l'épisode de la Fronde[8]. Il a même fui Paris de 1649 à 1650 et a rejoint sa ville natale de Clermont pour retrouver le calme. Suivant une indication de Pascal lui-même, son Apologie devait comporter deux parties: Misère de l'homme sans Dieu et Félicité de l'homme avec Dieu (frag. 60 Br.). On se doute que ses réflexions sur la violence devaient relever de la première partie. Dans son classement thématique, Brunschvicg a d'ailleurs fait un regroupement de fragments sous le titre "la justice et la raison de ses effets" (article 5, fragments 291-338 dans sa numérotation), mais il n'y a pas lieu de se limiter à ces fragments-là.

De toute cette première partie sur "la Misère de l'homme sans Dieu", il se dégage, comme on s'y attend, une vision très négative de l'homme. C'est l'héritage augustinien de Pascal, correspondant par ailleurs à sa perception personnelle intime. "Les hommes n'aiment naturellement que ce qui peut leur être utile" (in frag. 194 Br.), "Tous les hommes se haïssent naturellement l'un l'autre" (fr.451 Br.) mais Pascal ne fait pas de ce constat la base de son système comme Machiavel ou Hobbes. Il y voit le résultat de la chute, de la corruption fondamentale de la nature humaine. Il déplore la relativité de la notion de justice: "Pourquoi me tuez-vous ? Eh quoi, ne demeurez-vous pas de l'autre côté de l'eau ? Mon ami, si vous demeuriez de ce côté, je serais un assassin et cela serait injuste de vous tuer de la sorte. Mais puisque vous demeurez de l'autre côté, je suis un brave et cela est juste" (frag.293 Br.).

---

[8] période d'instabilité politique et même de guerre civile de 1648 à 1653 contre Richelieu et Mazarin.

"On ne voit rien de juste ou d'injuste qui ne change de qualité en changeant de climat. Trois degrés d'élévation du pôle renversent toute la jurisprudence. Un méridien décide de la vérité. Vérité au-deçà des Pyrénées, erreur au-delà. ... Rien, suivant la seule raison n'est juste en soi; tout branle avec le temps. La coutume fait toute l'équité" (frag. 294 Br.). Pascal est effrayé du fait qu'un seul homme (un roi par exemple) puisse décider d'envoyer tant d'hommes à la mort en décidant de déclencher une guerre (frag. 296 Br.). Mais Pascal ne rejette pas, en soi, l'idée de force : "La justice sans la force est impuissante; la force sans la justice est tyrannique. Il faut donc mettre ensemble la justice et la force; et pour cela faire que ce qui est juste soit fort, ou que ce qui est fort soit juste. ... (Mais), ne pouvant faire que ce qui est juste fût fort, on a fait que ce qui est fort fût juste" (frag. 298 Br.). Il dénonce cette légitimation de la violence par une pure tromperie exploitant l'opinion et l'imagination: "l'empire fondé sur l'opinion et l'imagination règne quelque temps, et cet empire est doux et volontaire" (frag. 311 Br.). On en arrive ainsi à dire que "la justice est ce qui est établi", reposant sur cet argument légaliste tautologique et rationnellement irrecevable sur lequel ironise Pascal: "toutes nos lois établies seront nécessairement tenues pour justes sans être examinées, puisqu'elles sont établies !" (frag. 312 Br.) ou "Il faut obéir aux supérieurs, non parce qu'ils sont justes, mais parce qu'ils sont supérieurs !" (frag. 326 Br.). On y retrouve aussi l'idée de la "servitude volontaire" de La Boétie (1573), un proche de Montaigne. Pascal développe une même analyse: ce mensonge social (frag.100 Br.), cette hypocrisie sur les valeurs, arrange bien les gens. Tout le monde finit par tromper tout le monde. Les gens s'en accommodent et cela débouche même sur une certaine paix sociale (frag. 403 Br.) qui n'est qu'un équilibre des vices (frag. 359 Br.), un système d'inimitié généralisée mais qui, en fin de compte, est toujours préférable à "la guerre civile, le pire des maux" (frag. 320 Br.). Sans cette illusion, aucune société ne serait possible. Certes, cet équilibre est trompeur, le mal n'est en rien ôté par là (frag. 453 Br.), la vraie justice n'en est en rien rétablie, mais y a-t-il une alternative dans cette société corrompue ? Pas dans l'ordre terrestre mais bien dans l'ordre divin, répondra Pascal.

Bibliographie spécifique:

- DELAMARRE, B-M., Pascal et la cité des hommes, Ellipses, Paris, 2001

- FEREYROLLES, G., Pascal et la raison du politique, PUF, Paris, 1986

- LAZZERRI, C., Force et justice dans la politique de Pascal, PUF, Paris, 1993

- SPITZ, J-F., Apparence et fausseté: la double nature de l'ordre politique chez Pascal, in Revue Internationale de Philosophie, 51(1997), Bruxelles, pp.101-118

§ 4

SPINOZA

TRAITÉ THÉOLOGICO-POLITIQUE[9] (1670)

"... si l'on veut que les hommes vivent paisiblement et dans la concorde"

Sa première oeuvre, son *Traité de la réforme de l'entendement*, date de 1661 mais ne fut publiée qu'après sa mort (1677). Il y jetait les bases de son rationalisme. Sa deuxième oeuvre, l'*Ethique*, rédigée entre 1661 et 1665, connut le même sort. Il y reformulait une morale sur des bases strictement rationnelles (et non religieuses). Son oeuvre politique, le *Tractatus théologico-politicus* (le TTP), fut publiée de son vivant (1670) mais sous couvert (vite découvert) de l'anonymat. Dans la partie théologique, il remettait en question le fondement religieux du pouvoir. Dans la partie politique (les chap.16 à 20), il exposait sa conception de la vie en société et du rôle de l'Etat. Il n'y citait qu'une seule fois Hobbes (dans une note, en p. 832 de l'édition de La Pléiade) mais il se positionnait constamment par rapport à lui (on sait qu'il possédait le *Leviathan* dans sa bibliothèque). Il reprit encore le sujet dans son *Traité politique*, oeuvre inachevée, commencée en 1675, publiée par ses amis après sa mort en 1677. Il y reprenait (chap.1 à 5) les principes posés dans le TTP mais y discutait de manière plus étendue la valeur

[9] in Oeuvres complètes, collection La Pléiade, NRF, Paris, 1954; ou nouvelle édition 1922; ou édition séparée chez Garnier-Flammarion, 2022

respective des différents régimes: monarchie, aristocratie, démocratie (chap.6 à 11). Retenons ici le TTP.

Rejetant les théories idéalistes (idéalisant naïvement l'être humain) et volontaristes (voulant lui imposer un objectif), Spinoza se veut réaliste. Il constate que l'être humain est naturellement égoïste et il n'y a pas à le blâmer pour cela. C'est un réflexe sain qui témoigne d'une passion de vie. Il n'accepte de limitations de la part des autres que par calcul d'avantages et d'inconvénients. C'est de là que veut partir Spinoza pour reconstruire une vie en société.

L'être humain comprendra très vite qu'il a avantage, sous certaines conditions, à consentir à pactiser. La forme aboutie de ce principe du "pacte" dans une société nombreuse et complexe est le transfert (presque) total de son pouvoir à l'Etat sauf son vouloir-vivre lui-même et les moyens pour y pourvoir selon son calcul bien pesé.

L'Etat se trouve donc investi d'un pouvoir très large. Mais il ne peut être arbitraire, sans quoi le calcul des adhérents se modifierait et l'Etat perdrait son assise. Ses objectifs absolus doivent être la prospérité et la sécurité (interne et externe) des sujets. C'est ainsi que ses sujets se sentiront libres pour "cultiver la vie" avec force d'âme et en paix (et non dans la crainte et la menace de châtiments). Les moyens de l'Etat sont le droit et la coercition pour faire respecter le droit, de manière impartiale.

De son côté, le sujet (on ne parle pas encore de "citoyen") doit obéissance à l'Etat mais garde sa totale liberté de penser et de s'exprimer de manière ordonnée et pacifique (pas de sédition ni d'appel à la sédition). L'Etat a même tout avantage à préserver cette liberté car il aura des sujets d'autant plus convaincus, productifs et inventifs.

Le rôle de la religion n'est pas d'être un contre-pouvoir ni même d'avoir un pouvoir d'influence. Il ne peut y avoir aucune dépendance entre la/les religion(s) et l'Etat. Ce sont des variables indépendantes (de même que foi et morale ou religion et raison). Néanmoins la/les religion(s) ont leur place en tant qu'elles promeuvent les principes de justice et de charité au niveau de la vie sociale (le for intime ne regarde pas l'Etat tant qu'il n'y a pas d'implications sociales). Une religion qui ne ferait pas respecter ces principes par ses fidèles ne pourrait être tolérée par l'Etat. Celui-ci est en effet souverain juge de l'application de ces principes.

§ 5

PUFENDORF

LE DROIT DE LA NATURE ET DES GENS[10] *(1672)*

"Tout ce qui contribue à la sociabilité universelle doit être tenu comme prescrit par le droit naturel"

Il naquit en 1632, en pleine guerre de Trente Ans, dans une région (la Saxe) fort perturbée par cette guerre. Fils de pasteur luthérien, il fit de très bonnes études (à Leipzig) et devint lui-même, dès ses 28 ans, professeur de droit à l'université de Leyde (Leiden en NL), ensuite à Heidelberg (dans le Bade en Allemagne), enfin à Lund (Suède). Dans le cadre de la guerre de Trente Ans, la Saxe et les princes allemands passés à la Réforme avaient été soutenus par la Suède de Gustave-Adolphe, grand défenseur du luthérianisme en Allemagne contre le Saint Empire germanique (catholique). Pufendorf est resté très lié à la famille royale suédoise dont il a été le conseiller et l'historien. Ce n'est que vers la fin de sa vie, à partir de 1680, qu'il se rapprocha du grand électeur Frédéric-Guillaume de Brandebourg (Etat voisin de la Saxe) qui, bien que luthérien, n'avait pas hésité à entrer dans une alliance avec le Saint Empire germanique (l'ennemi d'hier) et avec l'Espagne (qui avait guerroyé aux côtés du Saint Empire) contre la France (qui avait autrefois soutenu la Suède ! mais qui était devenue très encombrante en Allemagne) et contre la Suède même (qui avait aussi tendance à s'installer en Allemagne et à l'exploiter). Pufendorf, le grand théoricien du droit naturel, n'était pas du tout étranger aux conflits de son temps et il en a connu les intrigues de très près !

Sa grande synthèse "Le droit de la nature et des gens" a été écrite pendant son professorat à Lund. Elle est devenue le manuel de droit le plus commun pendant plus de cent ans (jusqu'à Kant). Il se situe dans la lignée directe de Grotius qu'il admirait. La question de la guerre n'y occupe que quelques chapitres en fin d'ouvrage (chap. 6,7,8 du livre 8,

[10] réédition anastatique par le Centre de Philosophie politique et juridique de l'université de Caen, 1987, de la traduction de Barbeyrac, d'après l'édition de Bâle de 1732, en 2 tomes

pp.453-483 dans l'édition bâloise en français de Babeyrac de 1732). Ce qu'il en dit découle de sa théorie générale (mais sa théorie générale se fonde entièrement sur sa théorie des conflits humains ... que le droit est chargé de prévenir ou de résoudre concrètement afin d'éviter que les situations ne dégénèrent). Sa théorie du droit n'est donc pas basée sur une métaphysique, ni sur des raisonnements scolastiques, ni des arguments bibliques, ni des arguments d'autorité. Elle est basée sur une anthropologie (plutôt aristotélicienne et indirectement protestante par son point de départ dans la conscience individuelle).

Pufendorf reprend à Aristote l'idée de la sociabilité fondamentale de l'homme ("l'homme est un animal social"). Cette sociabilité peut se vivre en "état de nature" et donne lieu alors à divers types de "contrats" tacites ou oraux en général (le langage est un contrat, la famille, le clan, tout échange) dont le principe forme la base du droit naturel. Mais cette situation est assez fictionnelle. En fait, les gens vivent en société nombreuse et complexe et sont bien obligés de vivre en "sociétés civiles". Le souci étant de se conserver et, si possible, de se développer et de vivre heureux, le problème devient de préserver sa sécurité, sa subsistance, son bonheur et sa liberté personnelle. Les humains sont ainsi amenés à conclure entre eux des "pactes d'union". Mais, dans des sociétés vraiment nombreuses, ces pactes sont insuffisants car trop fragiles dans la mesure où il n'y a pas d'autorité de contrôle ou de recours en cas de conflit d'intérêts, de mauvaise volonté, d'intentions frauduleuses ou perverses des partenaires. Il faudra donc passer par un "pacte de soumission" à une telle autorité. Ce sera le fondement de l'Etat. Jusqu'où pourra aller cette Autorité et donc la soumission à celle-ci ? On voit le danger de dérive possible vers l'absolutisme (comme chez Hobbes) mais, en principe, l'Etat lui-même doit remplir son contrat de protection des personnes et de leurs biens et, ultimement (mais cela devient très théorique dans le système laïcisé de Pufendorf), doit rester lui-même soumis à Dieu. La paix et la sécurité commune sont ainsi au coeur de la théorie de Pufendorf. Toutes les clauses particulières doivent en découler tout logiquement (et c'est ce qu'il expose dans ces trois chapitres sur la guerre).

§ 6

BOSSUET, Jacques-Bénigne

DISCOURS SUR L'HISTOIRE UNIVERSELLE[11] (1681)

Dieu gouverne par sa Providence

Il naquit à Dijon en 1627 dans un milieu de magistrats. Destiné par ses parents à l'état ecclésiastique, il fit de très fortes études, jusqu'au doctorat en théologie qu'il obtint en 1652. En contact avec le "beau monde" (Mme de Rambouillet par ex.), il en connut les manières. Proche de Vincent de Paul (et resté attaché aux Lazaristes), il en garda un goût pour la simplicité et le souci des miséreux.

D'abord en ministère à Metz (1652-1659), il continua à s'instruire intensément (Bible et Patrologie latine). Juifs et protestants étant nombreux à Metz, Bossuet développa un sens de la controverse, tout en restant sur le plan intellectuel mais avec volonté de convaincre et même de convertir. Pour son public catholique, il développa ses dons de prédicateurs. De cette époque date ses nombreux panégyriques (éloges de saints ou de personnes illustres).

Venu à Paris pour le compte de son Chapitre, il y resta dix ans à ce titre (1659-1669) (et dix ans de plus comme précepteur du Dauphin). Sa renommée étant parvenue à la Cour, il fut sollicité pour y prêcher cinq Carêmes complets entre 1660 et 1666, quatre Avents entre 1663 et 1669 et des éloges funèbres (celui de la reine de France Anne d'Autriche en 1667, la reine d'Angleterre en exil Henriette de France en 1669). Le ton en reste sobre, riche en contenu, volontiers moralisateur.

Apprécié à la Cour pour son érudition et ses qualités humaines, il fut chargé, de 1670 à 1681, de l'éducation scolaire, morale et religieuse du Dauphin (le fils de Louis XIV, titre en référence au Dauphiné), appelé

---

[11] édition dans La Pléiade, NRF, Paris, 1961, pp.665-1027. Un autre ouvrage: "Politique tirée de l'Ecriture Sainte" (1677-1704) se situe plus au niveau des principes et, historiquement, au niveau du seul règne de Louis XIV (in Oeuvres complètes de Bossuet, t.7, Lardinois, Liège, 1863, pp.595-776)

à régner. Bossuet s'investit entièrement dans cette tâche, ingrate car le prince était mauvais élève. Il assuma tous les cours (sauf les mathématiques et les sciences). C'est pour lui qu'il rédigea son fameux "Discours sur l'histoire universelle" (ainsi que sa "Politique tirée de l'Ecriture Sainte"). Il ne pouvait pas savoir que le Dauphin ne règnerait jamais puisqu'il mourut en 1711, avant son père.

Le Dauphin s'étant marié en 1680, le mandat de précepteur de Bossuet prit fin. Il fut nommé évêque de Meaux et exerça cette charge avec grand zèle pastoral, tout en intervenant encore dans quelques grandes controverses (gallicanisme, quiétisme, critique biblique, protestantisme) et appelé à Paris pour prononcer des éloges funèbres (celui de la reine de France Marie-Thérèse d'Autriche en 1683, de la princesse palatine Anne de Gonzague en 1685, du chancelier Le Tellier en 1686, du prince de Condé dont il était très proche en 1687, ...). Il décéda en 1704 à Meaux.

Du "Discours sur l'histoire universelle", les thèses sont simples:

- Dieu gouverne le monde et son histoire par sa Providence. Les malheurs sont des punitions pour des péchés, les succès sont la récompense de la vertu.

- l'Histoire est régie par la Providence, et non par le hasard chaotique des circonstances (la polémique anti-libertine, c-à-d contre l'athéisme pratique, très répandu à la Cour, est très présente dans le Discours).

- les Empires passent mais "la maison de France est la plus ancienne et la plus noble de toutes celles qui sont au monde" et Louis XIV en est la plus éminente figure.

- la Religion est de toute éternité et l'Eglise catholique en est la forme achevée.

Malgré, paraît-il, une certaine recherche, les connaissances historiques de Bossuet sont très, très, fragmentaires et orientées (sur les 12 époques historiques qu'il distingue jusqu'à Charlemagne, 7 ont des repères bibliques et 5 profanes: la prise de Troie, la fondation de Rome par Romulus, la ruine de Carthage sous Scipion, Constantin et Charlemagne), le tout assorti de constantes leçons morales et religieuses.

La Bible est abondamment citée. Bossuet en a une connaissance extensive mais également orientée. Il ne met en valeur que les épisodes qui vont dans le sens de ses thèses. Ainsi se trouve puissamment justifiée la monarchie héréditaire, à l'instar de celle de David et Salomon. Les passages anti-monarchistes (ceux du prophète Samuel en 1 Sam.8,1-22; 10,19; 12,1-25 et ceux de l'auteur deutéronomiste d'après Josias) sont interprétés comme de simples avertissements pour rester un bon roi. Bossuet cite les versets bibliques de manière littérale, sans aucun sens critique (or il était alerté de ce problème puisqu'il a fait interdire par le roi les écrits de Richard Simon en 1678, après examen minutieux).

Le Providentialisme lui-même[12], thème majeur du Discours, a, certes, des fondements bibliques (surtout dans le courant Elohiste) mais la théorie du choix libre de l'homme en a aussi (surtout dans le courant deutéronomiste). La guerre en elle-même n'encourt pas la désapprobation de Bossuet (puisqu'il la voit à l'oeuvre dans l'Ancien Testament). Seule son issue intéresse le Providentialisme. La longue perspective historique où tout a l'air de prendre sa place naturelle et logique permet à Bossuet de le gérer: tout est récompensé ou puni, maintenant ou plus tard, et entre dans la plan divin, même si la réalisation du plan n'est pas discernable à chaque moment de l'histoire. Bossuet s'est fait ainsi le porte-parole d'une certaine philosophie chrétienne de l'histoire. Par rapport à la thématique de la guerre juste, Bossuet serait mal pris (avec les guerres de conquêtes de Louis XIV) de se situer par rapport à elle, donc il ne l'aborde pas. Il est cependant parfois assez sévère et même très audacieux au sujet du comportement moral privé des souverains[13].

---

[12] La meilleure synthèse, par Bossuet lui-même, est donnée en son 2° sermon sur la Providence (1662), in La Pléiade, op. cit., pp.1059-1072

[13] Voici un échantillon d'un sermon prononcé au Louvre devant Louis XIV et la Cour: "Mais je sais aussi, chrétiens, que les souverains pieux, quoique dans l'ordre des choses humaines ils voient rien de plus grand que leur sceptre, rien de plus sacré que leur personne, rien de plus inviolable que leur majesté, doivent néanmoins mépriser le royaume qu'ils possèdent seuls, au prix d'un autre Royaume ...", ibidem, p.1069

§ 7

LEIBNIZ

CONSULTATION TOUCHANT LA GUERRE OU L'ACCOMMODEMENT AVEC LA FRANCE[14] *(1684)*

le meilleur des mondes possibles

Une de ses oeuvres et un de ses concepts le plus connu est celui de la *Monadologie* (1714), relevant d'une cosmologie (conception de l'univers) où le monde serait constitué de "monades" (du grec *monos*, seul), éléments autonomes, chacun étant un microcosme du tout, en mouvement perpétuel dans un jeu de forces.

Né à Leipzig en 1646 dans un milieu très cultivé, Leibniz a été entouré des meilleurs professeurs et eut l'occasion de lire tous les livres de l'importante bibliothèque familiale. Il s'était donné et a entretenu une culture encyclopédique touchant de nombreux domaines: les langues anciennes, le droit, les mathématiques, l'épistémologie (théorie de la connaissance), la logique, la physique, la cosmologie, la géologie, l'histoire, la politique, la morale, la métaphysique, la théologie. Non pas

---

[14] Autres oeuvres juridiques ou politiques:
- Securitas publica, 1670
- Codex iuris gentium diplomaticus, 1693
- Exhortation aux Allemands pour mieux cultiver leur raison et leur langue, 1696
- Observations sur le Projet de paix perpétuelle de l'abbé de Saint-Pierre, 1715,
in Oeuvres, t.4, Didot, Paris, 1862, pp.325 à 336 (Leibniz en donne une appréciation positive mais il formule quelques doutes sur sa réception par les grands princes vu leur manque de volonté politique en ce sens. Dans ses quelques remarques concrètes, il relativise l'organisation du St Empire comme "modèle". Il relativise aussi Henri IV comme exemple de volonté de conciliation. Ce dernier avait surtout en vue de renverser la Maison d'Autriche, sa rivale.
(- multiples développements partiels disséminés dans toute son oeuvre)

Etude spécifique:
- E. NAERT, La pensée politique de Leibniz, coll. Initiation philosophique, PUF, Paris, 1964

en amateur mais avec rigueur et précision, de manière très documentée, approfondie et innovante.

En mathématiques par exemple, il développa une notation algébrique pour en faire une algèbre combinatoire. Ses notations de la différentielle et de l'intégrale vont s'imposer. Il ouvrit les perspectives du calcul infinitésimal. Ses mathématiques ne furent pas pour lui une science isolée. On les trouve dans ses raisonnements juridiques, dans sa logique et son épistémologie (concepts bien définis, bien combinés, langage univoque, ...), dans ses conceptions cosmologiques (harmonie universelle) et même morales (optimum possible). Il avait lu les oeuvres de Descartes, de Pascal, de Newton et eut des contacts personnels avec Huyghens (savant hollandais).

Il eut une production écrite surabondante: plus de 200.000 pages manuscrites, conservées dans la bibliothèque de Hanovre (dont il fut le bibliothécaire durant 40 ans, de 1676 à 1716). A côté de grandes oeuvres (comme la *Théodicée*, 1710), on trouve énormément de dissertations, rapports, mémoires, correspondances. Pour certains sujets, les allusions sont très dispersées. Il écrivait en latin, en français et en allemand.

Issu d'une famille de juristes, il étudia d'abord le Droit (à Leipzig et Altdorf) et le pratiqua comme conseiller politique et ambassadeur au service d'un prince de Mayence (1670-76). La cohésion de l'Allemagne était un de ses axes. Il espérait une entente avec la France (ses ambassades auprès de Louis XIV) et même une union entre Etats européens. Le dialogue entre les Eglises (réformées et catholique) faisait partie de sa diplomatie internationale. Ses voyages lui permirent aussi d'entrer en contact avec tout le monde intellectuel et savant de l'époque (France, Angleterre, Hollande, Autriche, Italie). Il a donc eu une expérience concrète de la réalité politique et des situations conflictuelles en même temps qu'il y réfléchissait d'un point de vue plus théorique.

Une de ses convictions majeures était celle de l'harmonie universelle. Il se l'était formée à partir de ses conceptions physiques, cosmologiques et mathématiques. Il suffisait de la transférer au niveau humain. On ne s'étonnera donc pas de sa prédilection pour la conciliation, la réconciliation et l'internationalisme (jusqu'à la Chine) au niveau des personnes et des sociétés.

Une autre de ses convictions majeures était celle du meilleur des mondes possibles. Elle découlait de ses recherches en mathématiques (algèbre combinatoire et calcul des probabilités). Confrontées à ses convictions théologiques en même temps qu'à ses exigences rationnelles, cela débouchait sur un sage réalisme politique et moral. Le raisonnement était le suivant: Dieu a voulu le plus parfait des mondes mais, étant donné qu'il a voulu aussi que l'homme restât libre, il faut admettre le mal (et donc la guerre, la violence dans la société humaine) comme un obstacle temporaire, à surmonter, mais susceptible de déboucher sur un plus grand bien.

C'est ce "plus grand bien" qu'il faut chercher mais il faut tenir compte (sans l'accepter au niveau du principe) de la faiblesse humaine. Leibniz n'est donc pas un pacifiste naïf. Il ne s'est pas réjoui du Traité de Westphalie (1648) mettant fin à la Guerre de Trente Ans puisqu'il ne faisait qu'entériner des divisions, ni de la soi-disant "paix de Nimègue" (1678-79) puisqu'elle consacrait la politique belliqueuse de Louis XIV. Il dénonce l'anarchie, ce pouvoir arbitraire des "mécontents de principe" qui, par leur agitation, créent les conditions favorables au retour d'une tyrannie. Il admet qu'il y ait des cas de révolte légitime mais il fait remarquer que ces cas "légitimes" sont faciles à invoquer mais difficiles à établir objectivement.

Globalement, des écrits de Leibniz, il se dégage une vision volontariste d'une société orientée vers l'avenir. Il s'agit de rendre le futur le meilleur possible. Un tel projet doit être bâti sur le respect des individus (chacun est un microcosme et non la parcelle indifférente d'un tout indistinct; cette vision s'oppose à celle de Hobbes). La liberté (les monades sont autonomes) et la justice (en tout cas, l'équité) sont les priorités absolues. Elles sont absolues comme priorités, non comme "droits". Dans cette société imparfaite, tout est affaire de "possible", de "mieux possible", de "proportion" où chacun a sa part de responsabilité. La société doit viser le bien pour chacun au maximum (mais non le maximum de biens !) et procurer l'utilité maximale (meilleur accès et meilleur usage) sur fond de bien commun général et dans le cadre de la justice divine (et non une simple justice distributive). Il ne s'agit donc pas d'un calcul des satisfactions égoïstes comme dans l'utilitarisme vulgaire (celui de Bentham au 18°s.) mais d'un optimisation du bien-être global sous conditions morales.

§ 8

BAYLE

DE LA TOLÉRANCE (1686)[15]

"Il suffit d'un accord sur des conduites publiques, quelles que soient les croyances personnelles par ailleurs"

Pierre Bayle est surtout connu pour son fameux "Dictionnaire historique et critique" (1697) consacré aux noms propres historiques ou géographiques et dans lequel il dissimule autant qu'il dévoile sa propre orientation d'esprit faite de liberté de pensée sous la seule conduite de la raison. Celle-ci apparaît dans de très nombreux articles à propos de personnages ou des figures mythologiques de l'Antiquité, d'empereurs ou de souverains du Moyen-Âge ou de sa propre époque (16°-17°s.).

Mais, parmi sa dizaine d'oeuvres, il en est une qui est centrée sur le problème de la tolérance. En fait, comme chez Locke (strictement contemporain), il s'agit de la tolérance religieuse, devenue un problème majeur de société depuis l'éclosion du protestantisme en Europe. Le titre original de l'opuscule de Bayle s'énonce d'ailleurs: "Commentaire philosophique sur les paroles de Jésus-Christ: Contrains-les d'entrer". Ce verset (extrait de la parabole des invités qui se dérobent en Luc 14,23) était utilisé par l'Eglise catholique pour justifier l'usage de la contrainte dans l'effort d'évangélisation des populations, la noble intention étant de sauver des âmes même si les gens n'étaient pas assez mûrs ou trop rebelles pour comprendre que tel était leur bien. Le verset était également utilisé par rapport aux chrétiens "dissidents" de l'époque, les Protestants (en particulier contre les calvinistes français, les huguenots, du temps de Louis XIV, dont Bayle a eu personnellement à souffrir[16]). Bayle réfute cette interprétation. Son principal argument tient

[15] Pierre BAYLE, De la tolérance, coll. Agora 113, Presses Pocket, Paris, 1992

[16] Déjà l'Edit de Nantes de 1598 (accordant quelques droits -sous conditions- aux Protestants) était inadmissible en son principe pour Bayle, a fortiori sa Révocation en 1685. Dès 1670, Bayle dut fuir en Suisse. Il eut l'occasion de revenir en France (à Sedan) de 1675

en cette affirmation: "Tout sens littéral qui contient l'obligation de faire des crimes est faux". La "lumière naturelle" l'emporte sur tous les arguments exégétiques (la prise de position est claire mais elle est prise au nom d'un argument de philosophie générale tout à fait externe à la Bible). Il va même plus loin en disant: "Tout dogme doit être homologué, vérifié et enregistré au parlement suprême de la raison et de la lumière naturelle, principalement en ce qui concerne la morale". Plus loin (au chapitre 3), il développe un autre argument, bibliquement plus interne, qui consiste à dire que le sens littéral de ce verset est contraire à l'esprit général de l'Evangile, qui prime. (un *a-priori* non fondé en raison !).

Au-delà de cette polémique exégétique, Bayle développe alors longuement des arguments tirés de l'histoire et de la situation politique contemporaine. C'est là qu'il dépasse le cadre de la tolérance religieuse pour déboucher sur une conception générale de la tolérance comme base d'une vie publique pacifiée. La tolérance devient chez lui une valeur positive et non seulement une "concession". Elle doit être poursuivie pour elle-même et non en raison d'un rapport de force. On pourrait croire que la tolérance d'opinions multiples pourrait rendre une nation ingouvernable (c'était cela l'enjeu sous Louis XIV). Non, rétorque Bayle, il suffit d'un accord sur des conduites publiques, quelles que soient les croyances personnelles par ailleurs. C'est la non-tolérance qui est la cause de tous les désordres. Bayle rejette comme inacceptable le principe territorial de la Paix de Westphalie[17] (1648). La solution qu'il préconise est que chacun puisse être absolument libre de suivre sa conscience (même erronée) où qu'il réside. La conscience ne peut relever d'aucune législation humaine. La société doit séparer strictement le domaine privée du domaine public (ce qui va plus loin qu'une séparation de l'Eglise et de l'Etat). Il suffit donc que les sujets obéissent à des lois municipales et politiques, elles-mêmes sans a-priori religieux ou philosophique. Il serait trop facile pour un souverain tyran ou dictateur d'édicter des lois tendancieuses, inspirées de politique politicienne,

---

à 1681. Puis il s'exila en Hollande où il décéda en 1706. Son frère fut fait prisonnier et en mourut en 1685.

[17] Ce principe était celui du "Cuius regio, huius religio" (à telle région, telle religion). Il ne faisait que confirmer celui de la Paix d'Augsbourg de 1555. Il l'étendait au Calvinisme (pas encore né en 1555) et annulait une mesure de 1624 sur le retour des biens d'Eglise au profit de l'Eglise catholique. Cette "Paix de Westphalie" (très longue à négocier) avait mis un terme à la guerre de Trente Ans en Allemagne.

d'opinions personnelles ou de caprices et d'ensuite poursuivre des citoyens, avec apparence de légalité, pour non-respect de ces lois (c'est le système Louis XIV qui est visé). A ce compte, "le souverain pourrait punir justement ceux qui n'auraient pas les yeux bleus, ou le nez aquilin ou les cheveux blonds, ...". Il faut que les lois soient fondées en raison universelle et donc être favorables à la sécurité et à la tranquillité des personnes et de leur activité. Un parti qui, s'il était le plus fort, ne tolèrerait point d'autres ne doit pas être toléré (or telle est l'Eglise romaine, donc ...) (même argument que chez Locke). La tolérance doit être générale et doit donc s'étendre à toutes les opinons ou religions (sauf les intolérantes) qui ne menacent pas la paix publique.

§ 9

LOCKE

TRAITÉ DU GOUVERNEMENT CIVIL (1690)[18]

"La force, dépourvue de droit, crée un état de guerre"

Son oeuvre la plus connue s'intitule *Essai sur l'entendement humain* (1690). Il y développe une théorie de la connaissance "empiriste" où les sens et l'expérience doivent devenir la base du raisonnement. Son autre oeuvre majeure concerne la philosophie politique. Il s'agit du *Traité du Gouvernement civil* (1690 également). Il y réfute les thèses du *Leviathan* de Hobbes (1651) suivant lesquelles, l'homme étant un loup pour l'homme dans son état de nature, il doit déléguer son pouvoir à un Etat civil fort pour échapper à l'extermination mutuelle.

Pour Locke, l'état de nature n'est pas un état de guerre de tous contre tous mais un état de liberté et d'égalité entre les hommes. La liberté n'est pas celle du caprice ni de la licence mais de pouvoir faire ce

[18] édition chez GF-Flammarion, Paris, 1984 (avec une importante introduction de S. Goyard-Fabre) ou, plus récente, dans la coll. Epiméthée, PUF, Paris, 1994 (traduction, introduction et notes par J-F. Spitz), spécialement le chap.3: de l'état de guerre.

que la conscience indique de faire dans le cadre des lois de la nature (en bref: la préservation de soi et du reste du genre humain). L'égalité ne veut pas dire qu'il n'y aurait pas de reconnaissance du mérite des personnes mais que ces mérites n'atteignent pas l'égalité de base des personnes en tant que créatures de Dieu et ne donnent donc aucun droit de soumettre les autres, d'attenter à leur vie, ni même d'accaparer leurs biens (car ils sont la base matérielle de sa vie, de sa sécurité et de sa liberté concrète). Mais les conflits de ce genre sont multiples car les hommes ne sont pas raisonnables. A défaut d'une autorité qui puisse trancher entre les parties (cette réserve s'avèrera capitale), les personnes ont le droit de punir le coupable et de se faire l'exécuteur de la loi de nature. Cet état de nature ne peut, on le devine, subsister longtemps tel quel. Un gouvernement civil (dans les limites qu'expliquera Locke) sera le remède qui conviendra aux inconvénients de l'état de nature.

La mission de l'autorité civile est de promouvoir et faire respecter les droits de chacun à la vie, à la santé, à la liberté, à travailler à sa prospérité et à jouir en sûreté de ses biens, ainsi que le maintien de la paix civile (en tant que cadre nécessaire pour l'exercice de ces droits) et la défense par rapport à des ennemis extérieurs. Le rôle de l'Etat est de défendre cela et rien que cela. Comme il est précisé dans la *Lettre sur la tolérance* (1689), dont l'enjeu est d'éviter la guerre civile, principal souci de Locke, l'Etat n'a pas à s'immiscer dans la vie privée des gens, à imposer une idéologie ou des conduites. Son rôle n'est donc pas d'avoir sa conception du bonheur ni de la vertu. Il n'a donc pas à accréditer ni à se lier à tel ou tel système philosophique ou religieux (ou faction religieuse). La fonction du magistrat civil n'est pas de punir tous les vices mais seulement ceux qui nuisent aux intérêts temporels d'autrui et à la paix civile. Les lois civiles n'enseignent pas la vérité; elles disent seulement ce qui est nécessaire à cette paix. Le magistrat est chargé de veiller à ce que ses sujets mènent une vie bonne, mais il n'a pas à se préoccuper de savoir s'ils mènent une vie sainte. L'Etat doit permettre la liberté d'opinion ou de culte mais ne pourra permettre que l'un des sous-systèmes (philosophique ou religieux) se prétende absolu et impose ses conceptions. Un principe de liberté peut admettre toutes les manifestations de cette liberté sauf celles qui nient le principe même de la liberté (elles en profiteraient mais l'interdiraient aux autres). Même de manière interne, une religion (ou une Eglise) peut prêcher selon sa doctrine (étant saufs les droits déjà cités), mais après avoir bien enseigné, elle doit laisser les fidèles libres d'agir comme bon leur semble: s'ils mènent une vie de vices et de débauches, ils se damnent eux-mêmes, mais c'est leur affaire. Chacun est libre d'adhérer à une religion (ou d'en changer) aussi longtemps que ses actions n'empiètent pas sur les droits égaux de base d'autrui. Mais en cas de défaillance de l'autorité civile, c'est comme si on revenait à l'état de guerre et les personnes retrouvent leur droit d'agir en conscience pour préserver leur vie, leur liberté et leurs biens. Locke n'envisage pas vraiment le problème de la guerre entre Nations.

Ce problème de la guerre civile pour des raisons religieuses ou politiques (absolutisme arbitraire) ne fut pas qu'un problème théorique pour Locke. En effet, durant une seconde période de sa vie (1667-74 et 1679-82), il était devenu secrétaire (et médecin) de lord Ashley, futur comte de Shaftesbury et personnage politique important en Angleterre (il fut Chancelier). A cause de son opposition à l'arbitraire de la monarchie absolue (sous Charles II), il tomba en disgrâce et fut emprisonné (1675-79). Locke jugea prudent de se réfugier en France pendant cette période. Après un retour en grâce de lord Ashley en 1679 mais finalement une nouvelle disgrâce en 1682 et son exil en Hollande où il décéda en 1683, Locke s'exila de nouveau, cette fois en Hollande. Il y devint proche de Guillaume III d'Orange qui, étant marié à l'héritière du trône anglais, devint roi d'Angleterre. Il l'accompagna pour son intronisation en 1689 mais se retira alors de la vie publique et se consacra presque entièrement à des études bibliques (1691-1704).

La force de son oeuvre tient au fait qu'elle est le fruit d'une puissante théorisation ancrée dans une expérience politique concrète, au plus haut niveau, mais douloureuse. Ses vues furent largement partagées par l'opinion publique anglaise et mise en oeuvre par Guillaume III d'Orange. C'est à bon droit qu'il est considéré comme le père du libéralisme politique anglais.

§ 10

FENELON

LES AVENTURES DE TÉLÉMAQUE[19] *(1699)*

"Il faut toujours être prêt à la guerre
pour n'être jamais réduit au malheur de la faire"

Cette oeuvre eut un succès énorme tout au long des 18° et 19°s. (plus de 1.000 éditions jusqu'en 1914, encore 5 au 20°s., et traduite en de très nombreuses langues). Elle se présente comme "les aventures" (l'oeuvre est conduite comme un roman) d'un jeune héros censé être le fils d'Ulysse, héros d'un "roman" d'Homère, auteur incomparable de l'Antiquité grecque. Elle a été fort appréciée pour sa langue absolument admirable, simple, souple, parfaite et aussi pour son caractère éducatif, les valeurs morales qui y sont données en exemple, le modèle de société qu'elle préconise.

L'auteur lui-même fut un exemple de délicatesse, de finesse, d'élégance et de sensibilité profonde. Il était né en 1651 dans le Périgord, d'une famille d'ancienne noblesse mais appauvrie. Il se destina à la prêtrise et fit de brillantes études de philosophie et de théologie mais il s'intéressa aussi à toutes les nouvelles idées sociales d'avant-garde de son temps (éducation libre, libéralisme politique, physiocratie, mercantilisme, populationnisme, défiscalisation, universalité du genre humain, ...). Après quelques années de ministère pastoral classique et de prédications célèbres, il fut appelé, en 1689, comme précepteur (professeur particulier et éducateur) du duc de Bourgogne, petit-fils de Louis XIV, susceptible de régner un jour (mais il décéda en 1712, avant son grand-père). Ce n'était pas un élève appliqué ni bien capable intellectuellement mais Fénelon s'adonna entièrement à sa tâche. Se mettant à la hauteur de son élève, il voulut faire passer son message éducatif sous forme plaisante et imagée, sous forme d'aventures.

[19] édité par Jacques Le Brun, in Les oeuvres de Fénélon, t.2, coll. La Pléiade, NRF-Gallimard; même texte pré-édité en Folio-classique n° 2689, Gallimard, 1995

Télémaque est censé être le jeune duc de Bourgogne qui recevrait les leçons de son maître, incarné par le sage Mentor, au cours d'un périple présentant autant de "situations" politiques (celles du 17°s. et les futurs défis pour le 18°). Le cadre antique n'est qu'un habillage (et en même temps une initiation à la culture gréco-latine). Très habilement, il n'y a aucune référence chrétienne dans cette oeuvre (Louis XIV était assez "athéiste" jusqu'à la mort de son fils en 1711), sauf que tout son esprit est chrétien. L'oeuvre n'a été éditée qu'en 1699 mais le contenu des leçons au duc de Bourgogne, sans doute aussi mordant contre la politique de Louis XIV (absolutisme, bellicisme, faste, ...) que les allusions dans le Télémaque, a été dénoncé et d'ailleurs Fénelon lui avait écrit une méchante lettre dès 1693. Fénelon fut "exilé" en 1695, en étant "promu" évêque de Cambrai (diocèse devenu français en 1678), époque où il s'engagea dans la querelle quiétiste. Il décéda en 1715.

Qu'en est-il du thème de la guerre dans "Les aventures de Télémaque" ? Le sujet est abordé tout au long de l'oeuvre mais spécialement au livre IX. Quelques extraits suffiront pour nous éclairer sur les conceptions développées. Intervenant dans des dialogues ou des discours, nous trouvons ces énoncés (qui visent des situations concrètes du 17°s. ou la personne même du roi !):

- "... Vous devez nous expliquer, premièrement si votre guerre est juste; ensuite, contre qui vous la faites; et enfin, quelles sont vos forces pour en espérer un heureux succès" (p.178 de l'édition Folio).

- ... "Vous n'avez élevé ces tours que pour votre sûreté, et c'est par ces tours que vous êtes en si grand péril. Le rempart le plus sûr d'un Etat est la justice, la modération, la bonne foi et l'assurance où sont vos voisins que vous êtes incapables d'usurper leurs terres. Les plus fortes murailles peuvent tomber par divers accidents imprévus. La fortune est capricieuse et inconstante dans la guerre. Mais l'amour et la confiance de vos voisins, quand ils ont senti votre modération, font que votre Etat ne peut être vaincu et n'est presque jamais attaqué. Quand même un voisin injuste l'attaquerait, tous les autres, intéressés à sa conservation, prennent aussitôt les armes pour le défendre." ... (p.184)

- ... "Pour vouloir paraître trop puissant, vous ruinez votre puissance et, pendant que vous êtes au-dehors l'objet de la crainte et de la haine de vos voisins, vous vous épuisez au-dedans par les efforts nécessaires pour soutenir une telle guerre." ... (p.185)

- ... "Tout le genre humain n'est q'une famille dispersée sur la face de toute la terre. ... La vraie gloire ne se trouve point hors de l'humanité" (p.200)

- ... "Il faut toujours être prêt à faire la guerre pour n'être jamais réduit au malheur de la faire" (10° livre, p.221)

- ... "Les maux de la guerre sont encore plus horribles que vous ne pensez. La guerre épuise un Etat et le met toujours en danger de périr, lors même qu'on remporte les plus grandes victoires. Avec quelques avantages qu'on la commence, on n'est jamais sûr de la finir sans être exposé aux plus tragiques renversements de fortune. Avec quelque supériorité de forces qu'on s'engage dans un combat, le moindre mécompte, une terreur panique, un rien vous arrache la victoire qui était déjà dans vos mains et la transporte chez vos ennemis. Quand même on tiendrait dans son camp la victoire comme enchaînée, on se détruirait soi-même, en détruisant ses ennemis, on dépeuple son pays, on laisse les terres presque incultes, on trouble le commerce. Mais, ce qui est bien pis, on affaiblit les meilleures lois et on laisse corrompre les moeurs. La jeunesse ne s'adonne plus aux lettres. Le pressant besoin fait qu'on souffre une licence pernicieuse dans les troupes. La justice, la police, tout souffre de ce désordre. Un roi qui verse le sang de tant d'hommes et qui cause tant de malheurs pour acquérir un peu de gloire ou pour étendre les bornes de son royaume est indigne de la gloire qu'il cherche et mérite de perdre tout ce qu'il possède, pour avoir voulu usurper ce qui ne lui appartient pas". (11° livre, p.255)

- ... "Les rois doivent prendre garde aux guerres qu'ils entreprennent. Elles doivent être justes. Ce n'est pas assez. Il faut qu'elles soient nécessaires pour le bien public." (13° livre, p.293)

CHAPITRE 2

LES GRANDS CONFLITS

Le 17° siècle a connu un nombre invraisemblable de batailles (80 d'entre elles feront l'objet d'une notice dans le chapitre suivant) pouvant donner l'impression d'un éparpillement désordonné sans objectifs. En fait, elles peuvent être groupées en différents ensembles qui leur donnent une cohérence. Leurs dénominations traditionnelles (par ex. "guerre de Trente Ans") ne disent rien de leur caractère réel ni de leurs enjeux profonds qu'il s'agit de déceler. Il n'est donc pas inutile d'en distinguer les différents fronts, d'y regrouper les batailles qui en relèvent (même si les fronts se superposent à certaines périodes ou qu'une même bataille puisse relever de deux fronts en même temps), d'en retracer la stratégie d'ensemble et le résultat final.

§ 1: Guerre d'indépendance des Pays-Bas du Nord (la future "Hollande") contre les Habsbourg d'Espagne (1568 - 1648)

§ 2: Guerres pour le contrôle de la Baltique (1605 ...1677)
(Danemark, Suède, Hollande, Russie, ...)

§ 3: La guerre de Trente Ans (1618 - 1648)
guerre des princes allemands Réformés (au départ)
contre la maison des Habsbourg d'Autriche

§ 4: La guerre de l'Angleterre contre la Hollande (1652 ... 1673)
guerre commerciale pour le contrôle de la Manche

§ 5: La guerre de la France contre les Pays-Bas du Sud (1635 ...1697)
(dont la guerre de Dévolution, 1667-1668)

§ 6: La guerre de la France contre la Hollande (1672 - 1678)
guerre de concurrence commerciale

§ 7: La guerre de la France contre les Etats allemands (1672 - 1697)
(et leur réaction au sein de la Ligue d'Augsbourg)

§ 8: La menace ottomane (1620 - 1699)

§ 9: La Pologne, aux côtés de l'Autriche, contre la Suède
(1620 ... 1683)

§ 10: Entrée en scène de la Russie (1654 ... 1696)

§ 1. Guerre d'indépendance des Pays-Bas du Nord par rapport à l'Espagne (1568 - 1648)

Ce conflit remonte en fait au siècle précédent (1568 pour fixer une date symbolique, celle du soulèvement de Guillaume le Taciturne contre le duc d'Albe). Le calvinisme s'était déjà largement introduit aux Pays-Bas, non sans heurts, sous le règne de Charles-Quint (r.1516-1555). Avec l'arrivée au pouvoir, absolutiste et rigide, de son fils Philippe II (qui délégua la régence des Pays-Bas à sa demi-soeur Marguerite de Parme), les relations avec les sujets calvinistes (surtout bourgeoisie et aristocratie) se détériorèrent. Guillaume, duc de Nassau (en Allemagne) et prince d'Orange (en France) (dit aussi "le Taciturne"), ancien collaborateur de Charles-Quint et devenu membre du Conseil de la régente Marguerite, essaya la pacification (le compromis des Nobles en 1566). Mais la répression espagnole conduite par la duc d'Albe à partir de 1567, puis par Requesens et ensuite par Don Juan d'Autriche (en fait, demi-frère de Philippe II d'Espagne), durcit encore les oppositions. Un nouvel envoyé de Philippe II, Alexandre Farnèse, parvint à reconquérir des villes dans le Sud des Pays-Bas et à former une Union d'Arras (6/1/1579) couvrant cette région (plutôt catholique) et qui resta sous obédience espagnole. En réaction les sept provinces du Nord (Hollande, Zélande, Gueldre, Utrecht, Frise, Overijssel et Groningue) formèrent l'Union d'Utrecht quelques jours après (le 23/1/1579). La rupture était consommée. Les "Provinces-Unies" (des Pays-Bas) se constituèrent en République en 1588 sous la conduite d'Olden Barneveld, "pensionnaire" (càd salarié) des Etats généraux, au pouvoir très limité (par peur de tout absolutisme). Les provinces gardaient d'ailleurs une large autonomie dans le cadre d'une confédération assez lâche. Un des "stathouder" (gouverneur militaire de province, également salarié), Maurice de Nassau, fils du Taciturne, parvint à cumuler cette fonction dans cinq des sept provinces et à constituer ainsi une armée significative. Il obtint également l'aide d'Elisabeth d'Angleterre et d'Henri IV de France, toujours intéressés à contrer la puissance espagnole. Il fut envoyé pour soumettre toute la côte flamande au pouvoir des Provinces-Unies (où elles avaient déjà un bastion: Ostende) afin de faire cesser les actions pirates contre les vaisseaux hollandais passant par la Manche ou assurant le trafic entre l'Angleterre et Ostende. Maurice de Nassau ne rencontra pas le meilleur accueil de la part de la population locale. Il devait songer à ré-embarquer ses troupes par mer. Son frère Ernest était chargé de contenir les troupes belgo-espagnoles lancées à sa poursuite. Elles l'emportèrent sur Ernest et arrivèrent, épuisées il est vrai, au littoral où Maurice s'apprêtait à réembarquer. La bataille eut lieu à **Nieuport** le 2/7/1600 (25.000 hommes engagés en tout). Elle fut gagnée de justesse par Maurice Nassau. Son armée put embarquer. L'archiduc Albert d'Autriche, nouveau gouverneur des Pays-Bas du Sud depuis son mariage avec Isabelle, fille de Philippe II, se voyant contraint de reprendre la guerre, décida de faire le siège d'**Ostende**, dernière enclave hollandaise sur le littoral des Pays-Bas du Sud. Le siège commença le 15/7/1601 mais, soutenue par le ravitaillement et des renforts militaires anglais et malgré des batailles de diversion (**Aardenburg** le 12/8/1604 et **Sluis** / l'Ecluse le 20/8/1604) la ville tint bon pendant trois ans. Elle tomba finalement le 22/9/1604 après d'importants travaux de siège menés par les ingénieurs italiens d'Ambroise Spinola et son armée de renfort de 9.000 hommes. Mais Spinola (commandant militaire de 1603 à 1628) ne réussit pas à remporter d'autres succès décisifs contre Maurice de Nassau à ce moment-là par manque de financement de la part de l'Espagne. Les Hollandais préparèrent un nouveau coup, cette fois en Espagne même. Ils envoyèrent une flotte de 26 navires surprendre une flotte espagnole de 21 navires à l'ancre dans le port de **Gibraltar**. La bataille eut lieu le 25 avril 1607. Tous les navires espagnols furent coulés; pas un seul hollandais. L'Espagne, financièrement exsangue, fut disposée à une trêve. La Hollande aussi, car elle était en proie à ce moment-là à des luttes intestines entre un parti marchand pacifiste (Barneveld) et un parti militariste (Maurice de Nassau). Ce dernier s'était emparé du pouvoir et avait fait exécuter Barneveld (Grotius, partisan de Barneveld, fut emprisonné). Une trêve de Douze Ans (1609-21) fut conclue, reconnaissant de fait l'indépendance des Pays-Bas du Nord. Elle fut respectée sur ce front. Mais des batailles ou des mouvements de troupes se poursuivirent le long de la frontière hollando-germanique (Aix-la-Chapelle, Düren, Juliers/Jülich, ...). A l'expiration de la trêve, la guerre reprit du fait de Philippe III d'Espagne (pour freiner indirectement l'expansion des Hollandais aux Indes !). Spinola (qui fut commandant militaire de 1603 à 1628) ne réussit pas à prendre la forteresse de **Bergen-op-Zoom** (port hollandais dans l'estuaire de l'Escaut non loin d'Anvers) en 1622. Mais il réussit à s'emparer de **Breda** le 5/6/1625 après un siège de près d'un an. Entre-temps les Hollandais s'investissaient aussi dans la conquête et l'exploitation de colonies (aux Amériques et en Asie du Sud-Est). La guerre contre l'Espagne se poursuivit sur ces nouveaux théâtres (dont **Cuba** en 1628). Spinola ayant été rappelé en Espagne (en 1628) et Maurice de Nassau étant décédé (depuis avril 1625), le frère de ce dernier, Frédéric-Henri (r.1625-1647), prit la relève. En 1629, il entreprit le blocus de **'s Hertogenbosch** (Bois-le-Duc, en Brabant septentrional, restée fidèle à l'Espagne). Un détachement de l'armée d'Empire (la guerre de Trente Ans avait commencé), sous la direction de Montecuccoli, arrivait à la rescousse des Belgo-espagnols et occupa la Gueldre (partie Provinces-Unies) et le territoire d'Utrecht. Les Provinces-Unies prirent peur et étaient prêts à signer une nouvelle trêve. Mais la France, d'abord soucieuse d'affaiblir autant les Habsbourg d'Espagne que ceux d'Allemagne, n'en voulait pas et alloua des subsides très importants (un million de livres par an pendant sept ans) aux Provinces-Unies afin de continuer la guerre. Assuré de ce financement, Frédéric-Henri envisagea de (re-)prendre Maestricht. Il conquit aisément les villes de la Gueldre espagnole (Stralen, Venlo, Roermond, Sittard) et atteignit **Maestricht** le 10 juin 1632. Malgré les renforts impériaux venus d'Allemagne, la ville capitula le 22 août. Sa chute provoqua celle de petites places voisines (Limbourg, Rolduc, Dalhem et Faulquemont en Lorraine). Désormais c'était plutôt les Pays-Bas espagnols qui devaient craindre pour leur survie. L'Espagne tenait très fort aux Pays-Bas espagnols, non pour ses habitants mais parce que cette région lui permettait de tenir une place stratégique géographiquement centrale par rapport à la France, à l'Angleterre et à l'Allemagne, tandis que la péninsule ibérique en elle-même en était isolée. Dans un ultime effort financier, l'Espagne envoya encore des fonds, des troupes et des chefs militaires aux Pays-Bas espagnols.

De son côté, la France concluait, le 8 février 1635, une alliance avec les Provinces-Unies contre les Pays-Bas espagnols (avec l'idée d'un partage du pays ou de la création d'un Etat-tampon entre eux deux). Dès le mois de mai, une armée française de 20.000 hommes, conduite par les maréchaux Châtillon et Brézé, envahissait le Luxembourg et marchait vers le Nord dans l'intention de s'unir aux Hollandais concentrés autour de Maestricht, totalisant ainsi 60.000 hommes. Un premier affrontement eut lieu aux **Avins** (près de Liège). Les troupes franco-hollandaises l'emportèrent et se dirigèrent vers Bruxelles. Mais elles rencontrèrent la résistance de toutes les villes sur leur parcours (Tirlemont, Diest, Aerschot, ...) et le siège de Louvain échoua. De plus, les troupes conduites par Ferdinand d'Autriche, frère de Philippe IV d'Espagne, les attendaient de pied ferme devant Bruxelles. Les troupes franco-hollandaises renoncèrent et se retirèrent sur Roermond. Ferdinand d'Autriche se permit même une contre-attaque en direction du Rhin et occupa le duché de Clèves, de quoi faire peur à nouveau aux Hollandais. En raison d'une stratégie concertée avec l'Empereur et dans un but de diversion, il se porta ensuite, en 1636, contre la France en Picardie, avançant jusqu'à Corbie (en baie de Somme). L'empereur n'ayant pas tenu ses engagements (de mener des campagnes de diversion en Alsace), l'entreprise n'eut pas de suite. Entre-temps, Frédéric-Henri de Nassau, du côté hollandais, reprit **Breda** en 1637. Enhardi par ce succès, il se tourna en 1638 contre Anvers. Mais Ferdinand accourut et lui infligea une sévère défaire à **Kallo** (en face d'Anvers).

Mais en octobre 1639, dans la Manche, l'amiral hollandais Tromp intercepta une flotte espagnole de soixante-sept navires, chargée de 13.000 hommes de renfort et l'anéantit dans la rade des **Downs** (en face de Gravelines-Calais). Symboliquement, c'était la fin de la suprématie espagnole sur les mers.

En novembre 1641, Ferdinand décéda inopinément, à l'âge de 33 ans seulement. Il fut remplacé par le duc de Melo. Il semble que sa stratégie, dirigée depuis Madrid, ait été d'occuper le plus possible des troupes françaises dans le Nord afin de les distraire du Sud (Roussillon, Catalogne), autre front à partir duquel elles essayaient d'affaiblir l'Espagne. Le duc de Melo connut d'abord quelques succès militaires (Lens, Honnecourt en 1642). Voulant profiter de la crise successorale en France (mort de Louis XIII le 14 mai 1643), il s'en prit à la forteresse de **Rocroi** dans les Ardennes à partir du 16 mai 1643 (44.000 hommes engagés). Mais un transfuge espagnol révéla les positions aux Français et c'était le jeune duc d'Enghien qui était aux commandes. Le duc d'Enghien l'emporta (le 19/5) et, dans la foulée, prit **Thionville** après un siège de quelques mois (18 juin-22 août). On n'était plus dans une guerre Provinces-Unies contre Espagne mais France contre Espagne. La France qui persécutait les Huguenots chez elle finançait les calvinistes hollandais chez eux pour lutter contre les Pays-Bas espagnols et ainsi affaiblir l'Espagne. Cette autre guerre (France - Espagne), qui avait commencé en 1635 et qui connaîtra d'autres développements (en Catalogne et en Italie du Nord) ne se terminera qu'en 1659 (pour reprendre en 1693-1697).

La guerre hispano-hollandaise se poursuivait cependant par ailleurs. Frédéric-Henri avait encore réussi à prendre **Sas van Gent** en 1644 et **Hulst** en 1645 (ce qui permettra plus tard de bloquer l'Escaut et de ruiner Anvers au profit d'Amsterdam), ainsi que les trois quartiers d'Outre-Meuse (Dalhem, Rolduc et Faulquemont) mais non Gand. Mais la santé de Frédéric-Henri devenait défaillante et tant les Pays-Bas du Nord que du Sud souhaitaient des pourparlers (il y avait déjà eu diverses tentatives). Ils eurent lieu, à partir de 1646, à Münster, mais sans les représentants des Pays-Bas du Sud, uniquement entre Espagne et Provinces-Unies, et donc au détriment des Pays-Bas du Sud dont l'Espagne commençait à se désintéresser (depuis ses difficultés financières et les troubles en Espagne même à partir de 1640). Le projet consistait à officialiser l'indépendance politique complète des "Provinces-Unies" dans ses frontières de la trêve de 1609, d'y adjoindre ceux de la "Généralité"- les territoires conquis depuis l'indépendance de 1581, de fermer l'Escaut mais de lever le blocus naval de la côte flamande (en place depuis 1621) et donc de laisser Ostende à la Flandre. Mais la région "Pays-Bas du Sud" n'était pas démantelée (même si son territoire allait encore être amputé par la France en 1659, 1668 et 1678) et elle restait sous souveraineté espagnole (jusqu'en 1714). Ce projet fit l'objet d'un traité bilatéral, distinct de celui de Westphalie, qui fut signé par la Hollande et par l'Espagne de Philippe IV le 30 janvier 1648 à Münster et joint à celui de Westphalie du 24 octobre 1648, après 80 ans de conflits.

§ 2. Les guerres pour le contrôle de la mer Baltique

Avant ou indépendamment de la guerre de Trente Ans.

L'Union de Kalmar (1397) avait réuni les trois pays scandinaves (Danemark, Norvège, Suède) sous une même couronne (danoise). Sous le règne de Christian I, la Suède fit sécession (en 1523). Les deux souverains suivants tentèrent de soumettre la Suède de force. Peu à peu, la Suède se consolida et les deux pays devinrent rivaux. Mais il s'agissait aussi d'occuper la côte inférieure de la Baltique: Estonie, Lettonie, Lituanie, Pologne, Prusse, Poméranie, Mecklembourg (les anciens comptoirs teutoniques). Charles IX de Suède (r.1599-1611) s'y attela mais rencontra la résistance lituano-polonaise (bataille de **Kirchholm**, près de Riga, le 27 septembre 1605) et celle des Danois de Christian IV (guerre de Kalmar de 1611 à 1613, se terminant par le traité de Knärend, défavorable aux Suédois). Mais en 1617, la Suède enleva à la Russie la Carélie et l'Ingrie.

Le fils et successeur de Charles IX, Gustave-Adolphe (r.1611-1632), ayant fait la paix avec le Danemark et réorganisé l'armée suédoise, reprit la lutte contre les Lituano-polonais à partir de 1620 (prise de **Riga** en 1621; échecs et succès en **Courlande** en 1621; trêve en 1625; victoire suédoise à la bataille de **Wallhof** au Sud de Riga le 17/1/1626; nouvelle victoire suédoise à la bataille de **Dirschau** près de Gdansk les 17-18/8/1627; puis défaite lors de la bataille navale d'**Oliwa**, près de Gdansk les 26-28 novembre 1627 mais prise de la **Livonie** (plus ou moins la Lettonie actuelle) en 1629. Entre-temps (et depuis 1626), les Suédois avaient envahi et occupé le duché de Prusse (qui était devenu brandebourgeois par mariage en 1618 mais resté sous suzeraineté polonaise), ce qui leur permettait de lever des péages sur le trafic maritimes dans ses ports.

En lien avec la guerre de Trente ans.

Christian IV fut le premier roi étranger (bien qu'il était de mère allemande, du duché de Mecklembourg) à intervenir dans la guerre de Trente Ans, et donc le premier à internationaliser ce conflit(à partir de 1625). Il se mit à la tête d'une ligue protestante mais fut vaincu à la bataille de **Lütter** le 26 août 1626 par l'armée du Saint Empire conduite par Tilly. Il pensait aussi sans doute contrôler le trafic fluvial sur la Weser (et le port de Brême) et sur l'Elbe (et le port d'Hambourg). Son initiative échoua. Elle se termina la "paix de Lübeck", défavorable au Danemark, en 1629.

Le roi de Suède, Gustave II Adolphe (r.1611-1632) fut le deuxième souverain étranger à intervenir dans la guerre de Trente Ans. Il débarqua ses troupes en Poméranie, à **Usedom** (embouchure de l'Oder) le 6 juillet 1630 et parvint à se rallier les ducs de Mecklembourg et de Brandebourg , passés à la Réforme, et à obtenir des avantages commerciaux dans ces régions côtières de la Baltique. Il parvint sans difficulté à remonter le cours de l'Oder jusqu'à **Francfort-sur-l'Oder** mais la garnison impériale de cette ville offrit une résistance acharnée. Gustave-Adolphe dut la prendre d'assaut (le 3/4/1631), faisant beaucoup de morts, y compris des protestants. Jusque là ses actions semblent motivées par des raisons commerciales. La suite de ses expéditions en Allemagne relève de la guerre de Trente Ans comme telle.

Sans lien direct avec la guerre de Trente Ans mais au cours de celle-ci, en 1643, le feld-maréchal suédois Tortensson, juste après la bataille de Breitenfeld II (du 2/11/1643), voulut terminer la guerre contre le Danemark et mena une brillante expédition dans le **Jutland** (1643-44). Par la paix de Brömsebro (1645), le Danemark fut contraint d'abandonner à la Suède les provinces de Jämtland et de Härjedalen, ainsi que les îles de Gotland et de Ösel et le passage libre dans le Sund (permettant d'accéder à la mer du Nord).

Au traité de Westphalie (1648) mettant fin à la guerre de Trente Ans, la Suède reçut la souveraineté sur la Poméranie occidentale et le duché de Brême (ville portuaire non comprise), deux territoires très intéressants du point de vue du commerce maritime en Baltique. Le Brandebourg reçut la Poméranie orientale, lui donnant ainsi une longue façade baltique.

Après la guerre de Trente Ans,

le petit-fils de Gustave-Adolphe, Charles X Gustave devint roi à l'abdication de sa cousine Christine de Suède. Il régna de 1654 à 1660. Il avait développé ses talents militaires pendant la guerre de Trente Ans. Il entreprit d'envahir la Pologne car il en revendiquait la couronne (au nom d'une descendance familiale, les Vasa). Réciproquement, le roi de Pologne (Jean Casimir) revendiquait la couronne suédoise. Charles X Gustave s'allia avec Frédéric-Guillaume duc de Brandebourg qui, a priori, n'était pas favorable aux Suédois (puisque concurrents sur la Baltique) mais encore moins aux Polonais (à cause de conflits territoriaux). Ils réussirent à prendre **Varsovie** (les 28-30/7/1656) et le reste de la Pologne en trois mois mais ne purent la tenir vu qu'une large coalition se préparait contre eux et que, concrètement, Frédéric III de Danemark, en 1657, crut pouvoir prendre sa revanche contre la Suède à la faveur de cette guerre. Charles X répliqua et, grâce aux points d'appui sur les côtes allemandes que la Suède avait obtenus par le traité de Westphalie, il parvint à mettre le siège devant **Copenhague** même. Il fut empêché de l'investir à cause d'une intervention navale hollandaise. Par les traités de Roskilde (1658) et de Copenhague (1660), le Danemark fut contraint de céder la Scanie (côte Sud de la Suède avec Malmö) et l'île de Öland (en face de Kalmar), abandonnant la suprématie dans la Baltique à la Suède. Une paix générale fut conclue, négociée par la France (qui soutenait la Suède). Ce fut la **paix d'Oliwa** (3/5/1660). Outre la confirmation des conquêtes suédoises, le roi de Pologne (Jean Casimir) renonçait à ses prétentions sur le trône suédois et Frédéric-Guillaume de Brandebourg recevait la pleine souveraineté sur le duché de Prusse (Prusse orientale, sous suzeraineté polonaise) et obtint la Livonie intérieure (non la côte). Ainsi se terminait la **première guerre du Nord** (1655-1660).

Mais Frédéric-Guillaume de Brandebourg, qui n'appréciait pas la mainmise suédoise sur la Baltique, n'hésita pas à se joindre à la Hollande (ce qui restait logique puisque la Hollande était également anti-suédoise et que Frédéric-Guillaume s'était marié avec la fille de Frédéric-Henri, stadhouder de Hollande). Mais il n'hésita pas non plus, bien que fervent protestant, à inciter l'Empereur (Léopold de Habsbourg, grand catholique) à signer (en 1672) un traité pour la défense de l'Allemagne, démarche fortement appuyée par le diplomate espagnol Lisola. Bien que très lié jusque là à la France, Frédéric-Guillaume, pro-hollandais, n'acceptait pas la guerre de la France contre la Hollande (voir ci-dessous, point 6) et commençait à se méfier de la politique française par rapport à l'Allemagne (visant à la maintenir divisée et faible). Il voulait désormais défendre l'unité allemande. Appâté par des promesses françaises,

Frédéric-Guillaume quitta (temporairement) cette alliance qu'il avait voulue mais l'Empereur Léopold persista dans son entreprise (parce que temporairement libéré de la menace ottomane sur son flanc Est) et obtint d'autres appuis. Un nouveau conflit s'inaugurait (France contre Allemagne, voir ci-dessous point 7). La Suède prit le parti de la France (comme lors de la guerre de Trente Ans). Des troupes suédoises ayant envahi le Brandebourg, les troupes brandebourgeoises les affrontèrent à **Fehrbellin** (en Brandebourg) le 28 juin 1675 et l'emportèrent, marquant ainsi l'avènement de la future puissance militaire brandeburgo-prussienne. Lors de la paix de Nimègue (1678-79), la Poméranie suédoise fut attribuée au Brandebourg, allongeant ainsi encore sa façade baltique, à la plus grande satisfaction de Frédéric-Guillaume.

Suite à la défaite suédoise à Fehrbellin, le roi Christian V de Danemark entreprit de reprendre ses territoires perdus en 1645 et 1658. La Hollande, également intéressée à éviter les péages dans la Baltique, apporta son soutien naval aux Danois (bataille navale de **Öland** le 11/6/1676). Réagissant à cette défaite, le roi Charles XI de Suède voulut reprendre ces territoires et livra une bataille victorieuse à **Lund** (le 14/12/1676). Après Lund, le Danemark ne voulut pas s'avouer vaincu et engagea une bataille navale, victorieuse, au large de Copenhague (**Kjöge**, le 1/7/1677).

La suite de la guerre (la seconde guerre du Nord) pour le contrôle de la Baltique appartient au 18°s. La Suède vit en effet se former contre elle une vaste coalition comprenant l'Empereur du Saint Empire, la Russie, le Danemark, les Provinces-Unies.

§ 3. La guerre de Trente Ans (1618 - 1648)

Ce fut un conflit politique et religieux qui déchira l'Allemagne de 1618 à 1648. Né de l'antagonisme qui opposait les princes allemands passés à la Réforme à la maison catholique de Habsbourg, souveraine du Saint Empire Germanique, il prit une ampleur européenne du fait de l'intervention des grandes puissances étrangères. Les chefs mercenaires, qui menèrent cette guerre avec des troupes indisciplinées, lui donnèrent un caractère particulièrement cruel et dévastateur pour l'Allemagne.

Déclenchement (1618). Les hostilités furent déclenchées par un incident religieux: la défenestration, au palais royal de Prague, le 23/5/1618, de deux représentants locaux de l'empereur Matthias suite à l'interdiction du culte protestant dans la ville. Quelques mois plus tard, des troupes protestantes (sous la conduite d'un chef militaire de Bohême anciennement au service de l'Empire, Mansfeld) assiégeaient, à partir du 19 septembre, une ville restée loyale aux Habsbourg, **Pilsen**. Elle tomba le 21 novembre 1618. Désormais c'était toute cette région qui risquait d'échapper à la souveraineté de l'Empire.

La phase palatine (1618-1623). A la mort de Matthias (le 20/3/1619), la Bohême refusa de reconnaître son successeur Ferdinand II et proclama roi de Bohême l'électeur du Palatinat, Frédéric V, protestant, qui avait déjà soutenu la rébellion l'année précédente. L'Empire répliqua en envahissant le Palatinat, terre de Frédéric V, et en envoyant une double armée en Bohême, celle de Maximilien, duc de Bavière, et une armée des Pays-Bas espagnols, commandée par Tilly. L'affrontement avec l'armée des "rebelles" (sous la conduite du prince protestant d'Anhalt-Bernbourg) eut lieu à la **Montagne Blanche,** le 8/11/1620, près de Prague, et se solda par la défaite de l'armée protestante. Frédéric perdit le Palatinat et la dignité électorale au profit de la Bavière. Les mercenaires de son armée démantelée furent recrutés par la Hollande pour l'aider à lever le siège espagnol de Bergen-op-Zoom. Cette armée, sous la conduite de Ernst von Mansfeld et Christian de Brunswick, fut interceptée à **Fleurus**, en Hainaut (Pays-Bas espagnols), le 29/8/1622, et y fut défaite. Cette bataille, sur un tout autre théâtre d'opération, est ainsi indirectement liée à la phase palatine de la guerre de Trente Ans. Christian de Brunswick regagna l'Allemagne mais il rencontra l'armée de Tilly, surveillant le Nord de l'Allemagne.

L'affrontement eut lieu à **Stadtlohn**, en Westphalie, le 6/8/1623. Il y fut défait.

La phase danoise (1625-1629). Les princes luthériens allemands Ernst von Mansfeld et Christian de Brunswick se mirent alors à la disposition du roi Christian IV de Danemark et celui-ci prit la relève de la cause protestante. Il envahit la région allemande au Sud de son pays mais il y rencontra l'armée belgo-espagnole de Tilly (financée par les Habsbourg d'Espagne) à **Lütter** le 26/8/1626 et y fut défait. Par ailleurs, peu auparavant, le 25/4/1626, une autre armée, au service des Habsbourg d'Autriche mais financée et conduite par un entrepreneur privé de guerre, Wallenstein, dut affronter un détachement de l'armée protestante conduite par Mansfeld à **Dessau**, en Saxe. Wallenstein l'emporta. Ce dernier et Tilly refoulèrent le roi du Danemark dans son pays et il dut signer la paix de Lübeck par laquelle il s'engageait à ne plus se mêler des affaires allemandes.

La phase suédoise (1631-1634). Sorti victorieux de ces deux premières phases, l'empereur Ferdinand II se sentit assez fort pour publier en 1629 un Edit de Restitution exigeant des princes luthériens allemands de rendre tous les biens de l'Eglise catholique qu'ils s'étaient indûment appropriés. Désemparés, les princes allemands sollicitèrent Gustave-Adolphe de Suède, déjà présent en Poméranie, motivé par la cause luthérienne et déjà reconnu comme excellent chef de guerre. D'autre part, la France de Richelieu promit à Gustave-Adolphe des subsides considérables (400.000 thalers, pendant cinq ans, par le traité franco-suédois de Bärwald du 23/1/1631) pour qu'il continue la guerre en Allemagne afin d'affaiblir au maximum le Saint Empire germanique et son très catholique Empereur de la maison des Habsbourg. Après la prise de Francfort-sur-l'Oder le 3 avril 1631 (que l'on peut mettre sur le compte des guerres baltiques), Gustave-Adolphe se dirigea vers la ville stratégique de **Magdebourg** (sur l'Elbe) qui était assiégée depuis novembre 1630 par les troupes impériales (sous le commandement de Tilly) car, passée à la Réforme, elle représentait une menace de déstabilisation de toute la région. Gustave-Adolphe ne put l'atteindre à temps et la ville fut prise le 20 mai 1631, donnant lieu au massacre de toute la population (20.000 sur 25.000), au pillage complet et à l'incendie, Tilly n'ayant pu maîtriser ses hommes déchaînés après les privations de ce long siège. L'approvisionnement des troupes (d'une moyenne de

30.000 hommes) représentait un gros problème logistique et financier. Les armées cherchaient des territoires sur le dos desquels elles puissent vivre (par le pillage et la prédation des campagnes et petites villes, dont les dégâts et les victimes furent encore bien plus graves que toutes les batailles et sièges réunis). C'est ainsi que l'armée de Tilly entreprit d'envahir la Saxe (région de Leipzig). Les Saxons firent alliance avec Gustave-Adolphe pour les en empêcher. La bataille eut lieu à **Breitenfeld** (près de Leipzig) le 17/9/1631. Gustave-Adolphe l'emporta (plus de 12.000 morts sur 70.000 hommes engagés). Tilly se dirigea alors vers la Bavière pour prendre ses quartiers d'hiver en territoire allié. Gustave-Adolphe fit de même mais dans la région rhénane, riche en ressources. Au passage, il s'empara de Erfurt (le 22/9/31), Würzburg (le 4/10), Marienburg (le 7/10), Francfort-sur-le-Main (le 17/11), Worms (le 7/12) et Mayence (le 12/12). A Noël 1631, La Suède dominait la moitié de l'Allemagne. Au début de la campagne suivante, et encore plus au Sud, en Bavière même, Gustave-Adolphe provoqua Tilly à **Rain-am-Lech** (le 5/4/1632). La bataille (59.500 h. engagés), sans être décisive, tourna à l'avantage de Gustave-Adolphe. Tilly y fut blessé et décèdera peu après. Ayant perdu son meilleur général, l'empereur refit appel à Wallenstein (un chef militaire indépendant de Bohême). Celui-ci leva rapidement une armée et entra par la Saxe. Gustave-Adolphe s'empressa de remonter vers la Saxe pour lui faire barrage. L'affrontement eut lieu à **Lützen** (le 16-17/11/1632). La bataille fut longtemps indécise (42.000 h engagés, 12.000 morts). Vers la fin de celle-ci, Gustave-Adolphe fut mortellement blessé (il avait 38 ans) mais son lieutenant Bernard de Saxe-Weimar prit la relève et l'issue tourna finalement à l'avantage des Suédois. Ceux-ci s'implantèrent en Bavière (jusqu'à Munich). Les Impériaux (les Habsbourg d'Autriche) préparèrent la riposte. Ferdinand de Hongrie, le fils de l'empereur, prit la tête d'une armée. Elle fut renforcée par une armée des Habsbourg d'Espagne (cantonnée dans les possessions espagnoles du Nord de l'Italie), conduite par Fernando, le frère de Philippe IV d'Espagne. Les armées germano-suédoises étaient commandées par les généraux Bernard de Saxe et Horn. L'affrontement eut lieu autour de la ville de **Nördlingen** le 5-6/9/1634. La victoire des Habsbourg fut totale (60.000 hommes engagés de part et d'autre, 9.500 morts).

La phase française (1635-1648). Jusqu'ici, la France du cardinal Richelieu (ministre tout-puissant de Louis XIII de 1624 à 1642) avait soutenu financièrement, d'une part les Provinces-Unies ("la Hollande") contre l'Espagne et, d'autre part les princes allemands protestants et le très efficace roi de Suède Gustave-Adolphe dans leur lutte contre la maison catholique des Habsbourg d'Autriche, titulaire du Saint Empire Germanique, par crainte que cette maison (naturellement alliée des Habsbourg d'Espagne) ne porte ombrage à la France. Depuis la mort de Gustave-Adolphe à Lützen et la dernière cuisante défaite des armées germano-suédoises à Nördlingen, Richelieu se vit contraint de faire intervenir la France directement. Il visait aussi subsidiairement (ou principalement ...) à installer la France sur la rive gauche du Rhin. Il renouvela aussi un accord de coopération militaire et financière avec les princes allemands opposés à l'Empereur et avec les Suédois (désormais Tortensson et Wrangler). Surtout, il multiplia les fronts de diversion ou manoeuvres indirectes pour affaiblir les Habsbourg (conquête du Roussillon de 1640 à 1642 avec prise de Perpignan en 1642, soutien à la révolte catalane, à l'indépendance du Portugal, occupation de la vallée alpine de la Valteline, installation du duc de Nevers dans le duché de Mantoue, vassalisation de la Savoie et du Piémont, incessantes batailles contre les Pays-Bas du Sud, ...). Sur le terrain allemand, l'armée française commença à occuper la Lorraine pour la "protéger" des Suédois (mais son annexion entière et définitive ne s'opéra qu'en 1766 après de nombreuses péripéties). Elle "acheta" l'Alsace après la mort de Bernard de Saxe-Weimar qui l'occupait (il suffit à Richelieu de payer l'armée en place). Le duché de Trêves se mit spontanément sous la protection de la France pour éviter les pillages de toutes les armées de passage (impériales, espagnoles venant d'Italie, et même suédoises). L'armée française (conduite par Turenne et Condé) livra bataille aux troupes bavaro-impériales (sous la conduite de von Mercy) à **Fribourg-en-Brisgau**, une place forte impériale à l'entrée du Rhin, en août 1644, à l'avantage des Français. L'année suivante, en mars 1645, Français et Suédois (sous Tortensson) entraient encore plus profondément en territoire impérial. Ils battirent l'armée impériale à **Jankov**, en Bohême, menaçant directement Vienne. En mai 1648, une armée suédoise (sous Wrangel) et une armée française (sous Turenne) pénétraient en pleine Bavière et livraient une des dernières grandes batailles de la guerre de

Trente Ans à **Zumarshausen**. La ville de **Lens** (en Artois) avait encore été prise le 18/8/1648 par les Impériaux mais, en un coup d'éclat, elle fut reprise deux jours plus tard par les troupes françaises sous la conduite de Condé. La France se présentait ainsi avantageusement pour la signature du traité de paix en gestation. Par cette guerre de Trente Ans, le but de Richelieu (puis de Mazarin) était aussi de donner à la France des "frontières naturelles" sur sa façade Est (jusqu'au Rhin). Les territoires qu'elle obtint par la **Paix de Westphalie** (1648) (les trois évêchés de Metz, Toul et Verdun en Lorraine et une grande partie de l'Alsace mais sans Strasbourg qui ne fut annexé qu'en 1681), ne réalisaient pas encore cet objectif. Mais l'autre objectif (d'affaiblir durablement l'Allemagne) était pleinement atteint (pour deux siècles) par le morcellement institué (plus de 300 petites principautés, à la plus grande satisfaction de tous ces petits princes et ducs).

§ 4. La guerre de l'Angleterre contre la Hollande (1652 ... 1673)

L'Angleterre, protestante, avait puissamment aidé la Hollande, financièrement et militairement, pendant sa guerre d'indépendance par rapport à l'Espagne (étant donné les menées de l'Espagne de Philippe II contre l'Angleterre en fin de 16°s., dont le fameux épisode de l'Invincible Armada en 1588). Grâce à son indépendance (concédée de fait depuis 1609 par l'Espagne), les Provinces-Unies des Pays-Bas du Nord (indifféremment désignée par "Hollande" du fait que cette province en était la plus importante) s'étaient considérablement développées, entre autre du fait de l'apport des réfugiés huguenots français. Particulièrement les provinces de Hollande et de Zélande (en bordure de mer du Nord) avaient développé une flotte importante, une activité marchande très audacieuse, des ports bien équipés et des instruments financiers très performants, au point de concurrencer la traditionnelle activité maritime de l'Angleterre. En 1651, le gouvernement anglais de Cromwell adoptait le Navigation Act, stipulant que seuls les bateaux anglais pouvaient accoster en Angleterre. Cette mesure protectionniste était de nature à freiner considérablement le commerce hollandais.

Une première confrontation eut lieu, presque incidemment, au large de **Douvres** le 26 mai 1652. Des navires de guerre hollandais, sous la conduite de l'amiral Tromp, le vainqueur aux Downs en 1639 contre l'Espagne, escortant des navires marchands dans la Manche, furent pris à partie par des navires de guerres anglais sous la conduite de l'amiral Blake. Tromp n'eut pas le dessus mais il réussit à ramener ses navires marchands à bon port. La **première guerre anglo-hollandaise (1652-1654)** était déclarée. D'autres batailles navales suivirent (Kentish Knock le 8/10/1652; Portland le 2/3/1653; Gabbard Bank le 12-13/6/1653), à l'avantage de l'Angleterre. Le Grand Pensionnaire hollandais, Jean de Witt, fut contraint de signer un accord très défavorable aux Provinces-Unies (Westminster, 1654). Marchand anti-militariste jusque là, il entreprit de réorganiser la marine et de redonner une armée aux Provinces-Unies.

Dix ans plus tard, les Anglais surveillaient et harcelaient encore les Hollandais, non plus seulement dans la Manche mais dans les Colonies. En 1664, ils s'emparèrent de New Amsterdam, la future New York. La guerre reprit (**deuxième guerre anglo-hollandaise, 1665-1667**). Un nouvel affrontement (212 navires engagés de part et d'autre) eut lieu au large du Suffolk (**Lowestoft**, 13/6/1665), perturbé par les conditions météorologiques mais au détriment final de la Hollande. Pour toute sécurité, les Hollandais avaient signé un accord avec la France (intéressée à affaiblir l'Angleterre à ce moment-là). La bataille navale dite "**des Quatre Jours**" (1-4/6/1666), au large de Dunkerque sous la commandement de l'amiral De Ruyter, marqua une formidable remontée en puissance de la marine hollandaise. Elle se permit même, l'année suivante, de mener un raid audacieux contre le chantier naval de la Royal Navy en Basse-Tamise (**Medway**, 12-14/6/1667). La situation était renversée: les Anglais n'étaient même plus en sécurité chez eux ! Il y eut échange de colonies: les Hollandais (déjà installés au Cap, à Ceylan et dans presque tout l'archipel indonésien) recevaient le Surinam (la Guyane hollandaise) en Amérique du Sud tandis que les Anglais recevaient New Amsterdam.

Cinq ans plus tard, les Anglais voulurent prendre leur revanche. Ils signèrent un accord avec la France (c'était, en ouvrant ce front naval, une autre manière d'affaiblir la Hollande que Louis XIV avait à ce moment-là entreprit d'envahir par voie terrestre !). Ce fut la **troisième**

guerre anglo-hollandaise, 1672-73), fruit indirect d'une manoeuvre diplomatique française (n.b.: Henriette d'Angleterre, soeur de Charles II d'Angleterre, était aussi belle-soeur de Louis XIV ...). Une flotte anglo-française (de 93 navires), se préparant à attaquer, fut surprise par une flotte hollandaise (de 75 navires, sous la conduite de l'amiral De Ruyter) au large de **Solebay** (Est de l'Angleterre) le 7/6/1672. La bataille tournait à l'avantage des Hollandais mais De Ruyter estima préférable de regagner la Hollande sans aller jusqu'au bout du combat. L'année suivante, la flotte anglo-française essaya de faire le blocus du littoral hollandais. De Ruyter tenta bien sûr de le rompre. Il y parvint grâce à une tentative à partir de l'île de **Texel** le 21/8/1673. Il comptait sur une mauvaise coordination ou coopération entre les flottes anglaises et françaises, et ce fut le cas. L'alliance franco-anglaise n'y survécut pas.

Une paix fut signée entre l'Angleterre et la Hollande (le **Traité de Westminster**) le 19/2/1674).

On allait bientôt voir une alliance anglo-hollandaise contre la France (dans le cadre de la Ligue d'Augsbourg, en 1688) !!! et le prince hollandais Guillaume III d'Orange-Nassau devenir roi d'Angleterre (en 1689) !!! mais avant cela se développera un conflit direct franco-hollandais (1672-1678), précédé d'une campagne de la France contre les Pays-Bas du Sud.

§ 5. La guerre de la France contre les Pays-Bas du Sud, dont la guerre de Dévolution (1667-1668)

L'Espagne avait perdu les Pays-Bas du Nord (de facto depuis 1609 et officiellement depuis le traité de Münster/Westphalie de 1648). L'Espagne, la puissance à abattre, avait été attaquée de toutes parts: par tous les princes protestants d'Allemagne et leur alliée, la Suède, par l'Angleterre, par la France, cinquante ans durant, non seulement en Europe mais aussi dans le Nouveau Monde par pirates et corsaires au service de ces puissances, afin de couper les ressources à l'Espagne et d'empêcher le transport de troupes par voie de mer de l'Espagne à la Flandre. Le but fut atteint. L'Espagne tomba exsangue et incapable d'envoyer des renforts (sauf, péniblement, par voie terrestre à partir de l'Italie). Mais la population des Pays-Bas du Sud (l'actuelle Belgique) ne s'était pas associée à ce mouvement. Elle avait même résisté à ses "libérateurs" (voir la bataille des Avins en 1635 et ses suites) et elle avait préféré la soumission à l'Espagne plutôt qu'à la Hollande, de sorte que cette partie des Pays-Bas, désormais maillon faible, était l'objet de diverses convoitises et projets de partage. La France aurait voulu l'annexer mais de cela, la Hollande ne voulait pas. Elle remerciait certes la France pour son aide financière durant sa guerre d'indépendance mais ne la souhaitait pas comme voisine directe. La Hollande, se sachant mal perçue par les Pays-Bas du Sud, ne voyait pas comment gérer un tel fardeau. Elle préconisait plutôt le maintien d'un Etat-tampon, étranglé commercialement par la fermeture de l'Escaut afin de ne pas pouvoir concurrencer la Hollande et avec des places fortes sous son contrôle (les places de la future Barrière définie par le traité de Rijswijk en 1697 et officialisée en 1715). Cette solution avait l'agrément de l'Espagne qui, au moins, maintiendrait ainsi une tête de pont politique au coeur de l'Europe et s'assurait une ligne de défense (par une puissance hostile certes mais surtout anti-française).

La France, elle, n'allait pas se contenter de cette solution. Louis XIV venait de monter sur le trône (en 1661). Il s'entoura de nouveaux ministres, efficaces (Colbert, Michel Le Tellier, puis son fils aîné devenu marquis de Louvois, Lionne). Il dota la France d'une armée puissante (72.000 hommes) bien financée, avec de brillants généraux tout dévoués

(Turenne, Condé, d'Aumont, Créqui dans un premier temps). La Hollande avait osé répliquer aux mesures commerciales protectionnistes de Colbert pour protéger son propre commerce. Les Pays-Bas du Sud étaient une proie militairement facile, une région frontalière aisément accessible et toute proche de Paris, un territoire se prêtant bien au campement des troupes (avec voies navigables et cours d'eau partout) et potentiellement riche, une population industrieuse, dont une bonne partie parlait français. Il suffisait de l'envahir. Mais c'eût été une violation du Traité de Westphalie de 1648, avec le risque de se mettre à dos tous les autres signataires. Il fallait un argument "légal" qui puisse servir de prétexte. Ce fut, à la mort de Philippe IV d'Espagne en 1665, le "droit de dévolution" suivant lequel les terres de son héritière (sa fille aînée issue de son premier mariage, Marie-Thérèse, mariée à Louis XIV) revenaient donc à Louis XIV, sauf que Philippe IV avait expressément déshérité Marie-Thérèse pour éviter cette issue et que ce "droit de dévolution" n'était qu'une coutume de droit privé (et non public) et seulement en Brabant (et quelques territoires voisins). Ce "droit" fut effectivement contesté par l'Espagne et par le Saint Empire. Louis XIV prit ses assurances diplomatiques auprès des autres puissances traditionnellement ennemies des Habsbourg pour éviter leur intervention et se décida alors (en 1667) à envahir les Pays-Bas du Sud. Les armées françaises emportèrent aisément les places d'**Armentières, Bergues Douai, Binche, Charleroi, Ath, Audenarde, Alost, Tournai, Courtrai, Furnes**. Seul la place forte de **Lille** (relevant à l'époque des Pays-Bas du Sud) présenta des difficultés. L'ingénieur Vauban et ses terrassiers permit aux militaires de s'en emparer après quelques semaines de siège (8/7 au 28/8/1667). Sur un autre front, Condé envahissait la Franche-Comté (un territoire de l'ancienne Bourgogne appartenant toujours aux Habsbourg d'Espagne) pour "occuper" si nécessaire les troupes du Saint Empire qui auraient voulu prêter assistance aux Pays-Bas espagnols. Condé l'emporta sans peine. Inquiets de cette montée en puissance de la France, trois pays (Hollande, Angleterre et Suède) formèrent une "Triple-Alliance". Cette menace convainquit Louis XIV de signer **la paix d'Aix-la-Chapelle** (le 2 mai 1668) par laquelle il rendit (temporairement) la Franche-Comté mais garda l'Artois et la Picardie, une partie du Hainaut et de la Flandre. Ce n'était qu'une trêve.

§ 6. La guerre de la France contre les Pays-Bas du Nord: la guerre de Hollande (1672-1678)

Les Pays-Bas du Nord (la Hollande) s'étaient battus pendant 80 ans contre l'Espagne pour obtenir son indépendance (1568 - 1648, mais indépendance de fait depuis 1609; voir ci-dessus). La France, à ce moment-là, avait soutenu financièrement les Pays-Bas du Nord pour affaiblir l'Espagne. Désormais, la Hollande, avec sa prospérité économique et sa maîtrise des mers (15.000 navires contre 500 pour la France alors que Richelieu avait déjà fait un gros effort pour rattraper le retard naval de la France), cette Hollande portait ombrage à son ancienne alliée. La diplomatie française (sous Lionne) neutralisa d'abord la Triple Alliance. L'Angleterre se retourna même contre la Hollande, sa rivale commerciale, coloniale et navale. Ce fut la troisième guerre anglo-hollandaise (1672-1673, voir ci-dessus point 4). La Suède était prête à quitter la Triple Alliance si la France la rétribuait convenablement. Un à un, tous les obstacles (plusieurs principautés allemandes) furent neutralisés. Quand la Hollande se trouva diplomatiquement isolée, la France, qui avait préparé une armée de 120.000 hommes, mit en marche un contingent à partir de Charleroi sous le commandement de Turenne et un autre contingent à partir de Sedan sous Condé. Sans essayer de prendre Maestricht à ce moment-là, ils firent leur jonction à Wesel et passèrent le Rhin à Tolhuis. Ils auraient pu atteindre aisément Amsterdam. En désespoir de cause, les Hollandais ouvrirent les digues pour inonder certaines parties du pays. L'armée française dut renoncer mais occupait déjà la partie Est du pays (Gueldre, Overijssel et Groeningue). En Hollande, le chef d'armée, Guillaume d'Orange, partisan d'une guerre totale contre la France, prit le pouvoir (juillet 1672). Il reçut l'appui du Grand Electeur de Brandebourg (qui était marié à une princesse de la maison d'Orange). Ce dernier remua toute l'Allemagne et même l'empereur à Vienne. Le duc de Lorraine était tenté de rejoindre cette alliance. En représailles, la France annexa son territoire par un coup de force en 1672, ce qui effraya d'autant plus les princes de la région.

Durant les années 1672-73 eut lieu une série de chassés-croisés entre des troupes françaises et des troupes impériales (sous Montecuccoli) ou brandebourgeoises (sous Frédéric-Guillaume) dans les régions rhénanes (Mayence, Cologne, Westphalie, ...), à chaque fois pillées. Seul le **siège de Maestricht** (juin 1773) représenta une entreprise d'envergure, remportée par la France (Turenne et Vauban). Suite à cette victoire, une nouvelle alliance anti-française se mit en place. En août 1673, Guillaume d'Orange parvenait à se rallier les Habsbourg d'Espagne (ses ennemis d'hier), ceux d'Autriche-Allemagne, le duc de Lorraine récemment spolié, contre la France. En novembre 1673, l'armée française commençait à évacuer les Pays-Bas du Nord (après les avoir ravagés bien sûr). En août 1674, l'armée de Condé (45.000 hommes) s'apprêtait à prendre ses quartiers d'hivers à **Seneffe**, son camp retranché en Hainaut (Pays-Bas espagnols). Guillaume d'Orange, à la tête d'une armée hollando-hispano-impériale (!) de 65.000 hommes la provoqua. Ce fut une des batailles les plus sanglantes de ce conflit (25.000 morts ou blessés de part et d'autre), sans être décisive. D'autres troupes françaises, sur un autre théâtre d'opération, reprirent la Franche-Comté (rendue en 1668 par application du traité d'Aix-la-Chapelle).

Sur mer, l'amiral Tromp avait vainement croisé devant les ports français de la Manche et de l'Atlantique (en 1675). Deux ans auparavant (Texel 1/8/1673), c'était la flotte anglo-française qui menaçait les côtes hollandaises. La situation s'inversait: la flotte hollandaise menaçait les côtes françaises. L'amiral De Ruyter avait même menacé la France dans ses colonies lointaines (aux Antilles). La flotte hollandaise, par politique anti-française, vint même au secours des Espagnols en Sicile. De Ruyter fut blessé lors de la bataille navale d'**Agosta** (22/4/1676) et mourut peu après. La flotte de guerre française (sous Duquesne) se renforçait de plus en plus et prenait de l'expérience. D'autre part, de tous les ports français mais surtout de Dunkerque essaimèrent des corsaires, dont le fameux Jean Bart. Ces raids entravèrent gravement le commerce maritime hollandais. La guerre commerciale fit également rage dans les colonies réciproques.

En 1677, la France reprit ses opérations dans les Pays-Bas du Sud et l'emporta à **Valenciennes, Cambrai, Saint-Omer**. Guillaume d'Orange fut défait au **Mont Cassel**. En 1678, les conquêtes françaises s'augmentèrent encore de **Gand et Ypres**. Le maréchal de Luxembourg allait entamer le blocus de la ville de Mons quand, le 10 août 1678, la paix (en négociation depuis 1675) fut signée à Nimègue. Les armées étant prêtes à la bataille, Guillaume d'Orange feignit d'en ignorer la signature (en principe il aurait eu le temps matériel d'en recevoir la notification) et engagea le combat contre les troupes du maréchal de Luxembourg à **St Denis, près de Mons**, le 14 août. L'issue en fut indécise mais Luxembourg leva le siège et rentra en France.

Les clauses de cette **paix de Nimègue**, très importante, prévoyait que la France rende Maestricht aux Hollandais et abandonne ses taxes prohibitives de 1667 pour reprendre le tarif de 1664. Dans les Pays-Bas espagnols, elle abandonnait les places de Charleroi, Courtrai, Audenarde et Gand mais gardait Saint-Omer, Cassel, Poperinghe, Bailleul, Ypres, Cambrai, Maubeuge et Valenciennes. Elle conservait la Franche-Comté. Le gain de territoire se faisait sur le compte des Pays-Bas espagnols et sur un territoire des Habsbourg d'Espagne (la Franche-Comté). Beaucoup plus grande était l'animosité générée par la France de la part de toutes les populations européennes.

§ 7. La guerre de la France contre les Etats allemands (1672-1697) et la réaction de la Ligue d'Augsbourg

La France était intervenue indirectement dans la guerre de Trente Ans à partir de 1631 en finançant les opérations suédoises et directement à partir de 1635 avec ses propres armées. La politique de Richelieu, puis de Mazarin, (sous le règne de Louis XIII) consistait à affaiblir le Saint Empire germanique habsbourgeois et de doter la France d'une "frontière naturelle" (le Rhin) sur son flanc Est. La paix de Westphalie de 1648 avait permis d'affaiblir durablement l'Allemagne (habsbourgeoise ou non) mais n'avait apporté que peu d'acquis territoriaux (seulement la partie rhénane de l'Alsace, les trois évêchés (Metz, Toul et Verdun) et quelques (mais précieuses) places fortes).

Louis XIV (qui avait accédé au pouvoir réel en 1661) s'était d'abord occupé, avec succès, des Pays-Bas du Sud "espagnols" (le guerre de Dévolution 1667-68) et avait ensuite entrepris, à partir de 1672 (voir point 6 ci-dessus) de s'en prendre aux Pays-Bas du Nord (devenus, au fil du siècle, une puissance commerciale concurrente de la France). Cette guerre lui avait suscité un ennemi irréductible, Guillaume d'Orange, et Frédéric-Guillaume de Brandebourg à sa suite (à partir de 1686), et même finalement Léopold, empereur du Saint Empire germanique (longtemps trop occupé sur le front ottoman pour s'occuper efficacement de l' Allemagne).

Ce fut d'abord, de la part de Louis XIV, une politique d'annexion (dite "de réunions") de villes et territoires allemands sur le flanc Est de la France (Lorraine, Alsace et le Palatinat rhénan), au nom de "droits historiques" de la Gaule romaine ou mérovingienne et en vue de donner à la France une frontière "naturelle" (la rive gauche du Rhin). Si la vassalisation "spontanée" ne fonctionnait pas, il y avait la menace armée. La Diète allemande déclara la guerre à Louis XIV au printemps 1674 et tenta de reprendre des territoires à partir d'octobre. C'est Turenne qui mena la campagne, très dévastatrice. Il se fait qu'une partie du Palatinat rhénan, le Palatinat-Zweibrücken, était un fief du roi Charles XI de Suède (par alliance matrimoniale), un des plus fidèles alliés de la France. Cet épisode le fit changer de camp. En 1681, il ne restait que **Strasbourg** comme ville impériale. Louis XIV se présenta, par surprise, avec une armée pour l'investir. Elle ne pouvait que capituler.

L'Espagne était également concernée car Louis XIV revendiquait plusieurs villes et territoires de Flandre, du Hainaut, de Gaume, qu'il n'avait pas obtenues par le traité de Nimègue. Il fit assiéger la place forte de **Luxembourg** (qui tomba le 4 juin 1684) et plusieurs autres places fortes des Habsbourg d'Espagne en Allemagne (Fribourg, Brisach, Philippsbourg), anciens relais sur la route militaire terrestre entre les possessions espagnoles en Italie (avec Gênes comme port) et les Pays-Bas espagnols (mais ces villes furent restituées à l'Espagne par le traité de Rijswijk en 1697).

Les évêchés de **Trêves et** de **Cologne** passèrent également sous contrôle français sous divers prétextes.

Ces annexions et campagnes militaires accentuèrent l'angoisse d'une domination française de plus en plus envahissante mais ce fut sans conséquence immédiate car les énergies étaient accaparées par la menace ottomane (siège de Vienne en 1683 avec 250.000 hommes, voir ci-dessous), suscitée d'ailleurs par Louis XIV pour "occuper" les armées de l'Empire sur ce front éloigné.

Suite à la capitulation de la ville de Luxembourg, la **trêve de Ratisbonne** fut signée en août 1684 entre la France, les Habsbourg d'Espagne et ceux du Saint Empire germanique. Le statu-quo fut garanti mais la poursuite des annexions fut interdite.

La révocation de l'édit de Nantes en 1685 indigna encore un peu plus Frédéric-Guillaume de Brandebourg qui répliqua par un "édit de Postdam" accueillant 25.000 huguenots français à Berlin. Une timide ligue "défensive" se forma en 1686 entre princes allemands (protestants et catholiques confondus), avec la Suède et avec l'Empereur germanique, enfin libéré de la menace turque.

N'y prêtant pas attention, et quelques années à peine après le saccage par les troupes de Turenne, Louis XIV revendiquait maintenant **le Palatinat** au nom des droits du duc d'Orléans, son frère, qui avait épousé la soeur du dernier électeur palatin, la princesse Palatine. Le fils de Louis XIV, le Dauphin, soumit le Palatinat par la force, en 1688, en moins de deux mois. Mais les épouvantables ravages exercés l'année suivante par les troupes françaises du maréchal Duras (pillage systématique, tueries puis tactique de la terre brûlée), sur l'ordre de Louvois, provoqua une nouvelle vague d'indignation et, cette fois, une réaction militaire forte: la formation et l'entrée en action des armées de **la Ligue d'Augsbourg** en 1690. Guillaume d'Orange, ennemi irréductible de Louis XIV, était devenu entre-temps (en 1689) roi d'Angleterre, conjointement avec sa femme Marie, fille de Jacques II que le Parlement avait destitué. Jacques II, pro-français, était redevenu catholique, ce que ne supportait pas l'Angleterre anglicane. Avec Guillaume, l'Angleterre passa d'un coup du côté anti-français. Guillaume prit tout naturellement la tête de cette Ligue, désormais offensive. La Hollande ne pouvait que le suivre, ainsi que les membres précités de la ligue défensive, dont Frédéric III, nouvel électeur du Brandebourg-Prusse. S'y ajoutaient l'Espagne et les Pays-Bas espagnols, le duc de Lorraine (spolié de son duché), l'électeur de Bavière (qui commençait à craindre pour ses propres terres) et la Savoie (ballottée entre la France et l'Espagne mais passée dans le camp espagnol en 1690). Cette coalition totalisait

220.000 hommes. Le financement était assuré par l'Angleterre et la Hollande.

De son côté, Louis XIV disposait de bons généraux avec Catinat, Luxembourg, Lorge, Boufflers, Tourville, d'une armée aguerrie, d'une logistique bien organisée, mais financièrement à bout de ressources.

Les théâtres d'opérations furent divers: dans la Manche, aux Pays-Bas espagnols, dans les régions rhénanes, en Italie du Nord, en Catalogne, dans les colonies, ...

Les batailles navales dans la Manche furent liées à la destitution de Jacques II d'Angleterre. Il avait trouvé refuge en France, auprès de Louis XIV qui comptait bien l'utiliser à ses fins. Soutenu par une flotte française, Jacques II voulut reconquérir son pouvoir à partir de l'Irlande qui lui était restée fidèle. Bien que gênés par la flotte anglaise, les navires français parvinrent à débarquer des hommes et du matériel près de Kinsale. Rattrapés par la flotte anglaise, l'affrontement eut lieu dans la **baie de Bantry** le 11 mai 1689. L'issue n'en fut pas décisive mais il y eut peu de dégâts. L'année suivante, la France voulut sécuriser sa liaison avec l'Irlande pour continuer à ravitailler Jacques II. Un nouvel engagement eut lieu au large de **Beachy Head** (île de Wight) le 10 juillet 1690. L'amiral français Tourville l'emporta mais ne put exploiter sa victoire. Le rêve français d'une suprématie navale dans la Manche en prit un coup. A peu près en même temps (le 12 juillet) eut lieu, sur terre, en Irlande, au Nord de Dublin, la bataille de La Boyne où s'affrontèrent les troupes de Guillaume et celles de Jacques (60.000 hommes engagés). Jacques fut vaincu et se ré-exila en France. Cette dernière bataille relève cependant de la guerre civile anglo-irlandaise, tandis que les deux autres (Bantry et Head) relèvent des guerres de la Ligue d'Augsbourg dans la mesure où la France voulait par là priver la Ligue du soutien essentiel de l'Angleterre de Guillaume III (si Jacques l'avait emporter) ou, en tout cas, "occuper" les armées de Guillaume chez lui afin d'éviter qu'il n'intervienne sur le continent. Avec la bataille navale de **Barfleur-La Hougue** du 29 mai au 5 juin 1692, dans la Manche, eut lieu le dernier grand affrontement naval (le Trafalgar du 17°s.) entre les flottes anglo-hollandaises et la flotte française. Suite à la large défaite française, Louis XIV renonça à son ambitieux projet d'invasion de l'Angleterre en vue de réinstaller Jacques II sur le trône. Mais cette guerre se poursuivit sous la forme d'une "guerre de course" où les corsaires (du latin "cursus", course) français, dont Jean Bart, gênèrent considérablement le trafic marchand anglo-hollandais dans la Manche tout au long de ces années jusqu'à la bataille de **Dogger Bank** le 17 juin 1696. Par rapport à ses objectifs, cet épisode naval se solda plutôt par un échec pour la France.

Les batailles dans les Pays-Bas espagnols furent incessantes, concentrées et meurtrières. Après une première bataille à **Walcourt** (B-Hainaut) en 1690, l'armée impériale (de l'Empire germanique) et un appui belgo-hollandais sous la conduite de Waldeck affronta une armée française sous la conduite de Luxembourg à **Fleurus** (B-Hainaut) le 1° juillet 1690. Il y eut 70.000 hommes engagés et 14.000 morts de part et d'autres en une journée. L'armée française l'emporta. Après plusieurs autres victoires françaises dans la région, dont **Mons** (B-Hainaut) et **Namur**, Guillaume III prit lui-même le commandement en mains. Un nouvel affrontement contre Luxembourg eut lieu à **Steenkerke** (B-Hainaut) le 3 août 1692. La bataille fut mouvementée et meurtrière (160.000 homme engagés, 17.000 morts) mais non décisive. L'année suivante, les mêmes armées s'affrontèrent à **Neerwinden** (B-Brabant) le 29 juillet 1693. Le choc fut à nouveau terrible (135.000 hommes engagés, 28.000 morts), avec un certain avantage pour la France. Dans la foulée, le maréchal Luxembourg s'empara de **Charleroi** (B-Hainaut). Il mourut en 1695 et fut remplacé par le médiocre Villeroy. Les armées de la Ligue (Guillaume III et Maximilien de Bavière) assiégèrent la citadelle de Namur (qui avait été prise par l'armée française en 1692) du 2 juillet au 1° septembre 1695. Pour faire diversion, mais en vain, le maréchal de Villeroy bombarda **Bruxelles.** Le bilan de ces batailles ne fut pas fameux pour les armées de la Ligue.

Du côté de l'Italie, la Savoie constituait un Etat-clé. Il permettait aux troupes espagnoles débarquant au port de Gênes (possession espagnole, comme le duché de Milan) de remonter par la Franche-Comté (possession des Habsbourg d'Espagne), puis par la Lorraine ou la vallée du Rhin (possession des Habsbourg d'Autriche) pour arriver, par voie de terre, dans les Pays-Bas espagnols (la voie maritime, de la Corogne vers Anvers, était en effet entravée par les flottes anglaises et/ou hollandaises). Les ducs de Savoie faisaient alliance, au gré de leurs intérêts, avec la France ou avec l'Espagne. La Savoie était sous protectorat français (par l'action militaire et diplomatique de Richelieu) quand en 1690 elle entra dans la grande Ligue contre Louis XIV (en vue de recouvrer des territoires). Mais l'armée française de Catinat répliqua par l'invasion de la Savoie. Catinat l'emporta lors des batailles de **Staffarde** (1690) et de **Nice** (1691). L'arrivée de troupes bavaroises empêcha la conquête du Piémont à ce moment-là. Catinat prit **La Marsaille** en 1693. **Casale** (de l'ancien marquisat de Monferrat mais passée sous souveraineté savoyarde, place forte commandant la vallée du Pô), tomba aux mains des Français en 1695. **Pignerol** tomba l'année suivante. C'était une puissante forteresse près de Turin en Piémont occupée depuis 1631 par une garnison française en vertu du traité de Cherasco entre la France et la Savoie mais que Victor-Amédée II de Savoie (duc de 1675 à 1730) avait reconquise. La diplomatie française proposa alors au duc de trahir la Ligue en échange d'un traitement de faveur. Par le traité de Turin (1696), la France rendit ses territoires au duc et maria le duc de Bourgogne (petit-fils de Louis XIV) avec la princesse de Savoie. Voilà un front qui se neutralisait à l'avantage de la France.

Du côté de l'Espagne. On se souvient que Richelieu, dans le cadre de la guerre de Trente Ans et pour "occuper" et affaiblir les Habsbourg d'Espagne, avait incité les Portugais à se révolter contre l'Espagne à partir de 1634 (avec indépendance de fait en 1640 et de droit en 1668 par le traité de Lisbonne) et avait conquis le Roussillon en 1642, ancienne Marche espagnole au-delà des Pyrénées en France (acquisition avalisée par le traité des Pyrénées de 1659). En 1640, la Catalogne s'était révoltée contre Philippe IV d'Espagne. Elle reçut le plein soutien de la France et s'était donnée à Louis XIII qui fut même proclamé "comte de Barcelone". Mais la France dut l'abandonner en 1652.

Dans le cadre des guerres de la Ligue d'Augsbourg, la Catalogne redevint un théâtre d'opérations. **Rosas** et **Palamos** tombèrent en 1693 et **Barcelone** en 1697. Ce furent des diversions victorieuses pour les Français mais sans effet sur le résultat final.

La dénouement en fut le **traité de Rijswijk** (un château du prince d'Orange près d'Amsterdam). Les négociations, laborieuses, commencèrent en mai 1697. Des accords bilatéraux forcèrent quelque peu leur déroulement. Les Hollandais obtenaient des avantages commerciaux et maintenaient leurs garnisons dans les places de la Barrière (dans les Pays-Bas espagnols). Les Pays-Bas méridionaux restaient espagnols mais perdaient quelques villes au profit de la France. Ils récupéraient le Luxembourg. Guillaume III était reconnu comme roi d'Angleterre (et Jacques II définitivement déchu). La Savoie recouvrait son indépendance (et devint un royaume au 18°s.). La Catalogne repassait à l'Espagne. L'Empire germanique (dernier signataire en fin octobre 1697) se vit restituer toutes les places annexées, même la Lorraine (sauf Strasbourg). Ce traité marquait, temporairement, l'échec de la politique expansionniste de Louis XIV. Suivirent, au 18°s., les guerres de Succession d'Espagne (1702-1714) et ensuite celle de la Succession d'Autriche (1740-1748).

§ 8. La menace ottomane au 17°s. (avec rappel du 15° et 16°s.)

Après s'être bien implantés en Anatolie et aguerris contre l'Empire Byzantin, les Ottomans avaient visé Constantinople même. Pour empêcher toute aide qui viendrait de l'Occident au secours de ce qui restait de l'Empire byzantin, les Ottomans s'étaient avancés en Europe centrale (Thrace et Grèce du Nord, Bulgarie, Roumanie, Serbie, Hongrie). En 1444, Murad II était vainqueur à la bataille de Varna (Bulgarie) contre des troupes hongroises et polonaises. En 1453, son successeur Mehmet II prit Constantinople, provoquant la consternation en Europe.

Au 16°s., Sélim I° (r.1512-1520) et Soliman, dit "le Magnifique" (r.1520-1566) avaient élargi leurs conquêtes au Moyen-Orient (alors sous contrôle Mamelouk). Dès 1517, toute la Syrie était passée sous domination ottomane, puis l'Egypte elle-même et, dans la foulée, toutes les côtes de l'Afrique du Nord. La Méditerranée devint ainsi un lac ottoman. Soliman s'empara de l'île de Rhodes, dernier bastion des

Croisés, en 1522, suite à un long siège. Ils purent se réfugier à Malte (une île au Sud de la Sicile) que les Ottomans tentèrent de prendre, sans succès, en 1565. Tunis, devenue en 1534 une des bases d'un corsaire turc vassal des Ottomans, fut prise par Charles Quint en 1535 mais ne resta espagnole que jusqu'en 1569. Chypre tomba en 1570, provoquant la célèbre bataille navale de Lépante (dans le golfe de Corinthe) en 1571, première victoire des Occidentaux (Vénitiens, Génois, Maltais et Espagnols principalement). La république de Venise resta très active en Méditerranée et parvint à y maintenir des comptoirs commerciaux, principalement la Crète (qui ne tomba qu'en 1669) et autres îles grecques, ainsi que la côte dalmate et îles de la Mer Adriatique. Sur le front de l'Europe centrale, Soliman fut vainqueur des Occidentaux à Mohacs (Hongrie) en 1526. Une grande partie de la Hongrie resta sous domination ottomane pendant deux siècles. Il tenta même de s'emparer de Vienne en 1529 mais il n'y réussit pas. Avec Soliman le Magnifique, l'empire ottoman avait atteint son apogée. Il mourut en 1566.

Ses successeurs ne furent pas à la hauteur et l'Empire tomba assez rapidement en décadence. Mais, au niveau militaire, l'Empire parvint à se maintenir tant bien que mal.

Sur le front de l'Europe centrale, une lourde défaite à **Khotyn** (frontière Moldavie / Ukraine) en 1621, sous le règne d'Osman II, à la tête d'une armée de 100.000 hommes, montra que le temps des conquêtes faciles était peut-être terminé. Il avait été défait par une armée lituano-polonaise (sous Ladislas IV). Par la suite, un des grand vizirs, Akhmed Köprülü, leva une armée de 120.000 hommes avec l'intention de prendre Vienne mais il fut arrêté dans son élan à **St Gothard** (en Hongrie) en juillet 1664 par l'empereur d'Autriche. Une armée polonaise (sous le commandement de Jean Sobieski) battit les Ottomans en 1673 à **Khotyn** (2° bataille, après celle de 1621). Les Ottomans partirent encore en campagne contre l'actuelle Ukraine mais furent défaits à **Lvov** (polonaise à ce moment-là) en août 1675 par une armée polonaise. Le grand vizir Mustafa Pacha (aidé par la France qui voulait affaiblir les Habsbourg d'Autriche) se remit en tête de prendre **Vienne**. Avec une armée de 100.000 hommes encore, il en entama le siège en septembre 1683. Mais une armée polonaise (sous la conduite de Sobieski) et une armée austro-allemande (sous Charles de Lorraine) sauva Vienne. Au dernier moment, la France envoya un détachement pour soutenir l'Autriche car elle ne souhaitait pas que Vienne tombe mais seulement affaiblir les Habsbourg ! D'autre part, en 1686, l'armée de Charles de Lorraine (du Saint Empire) reprenait **Buda** (en face de Pest, en Hongrie) qui était aux mains des Ottomans depuis 1541. En 1687, il remportait (avec Louis de Bade) une grande victoire sur les Ottomans à **Mohacs** (en Hongrie), revanche sur la défaite de 1526. **Belgrade** (occupée par les Ottomans depuis 1521) fut prise en 1688 (mais reperdue en 1690 et reprise en 1717). Le dernier des Köprülü, profitant de la guerre menée par Louis XIV contre l'empire autrichien, reprit l'offensive contre l'Europe centrale mais les Ottomans furent définitivement défaits à **Zenta** (en Serbie) en septembre 1697 par l'armée austro-allemande (sous la conduite du prince Eugène de Savoie). Par le **traité de Karlowitz** (en Serbie) en 1699, les Ottomans perdaient des territoires et mettaient un terme à leurs ambitions européennes.

En Méditerranée, l'île de **Crète** était le dernier bastion vénitien. Les Ottomans l'envahirent à partir de 1645. Seule la capitale **Candie** (l'actuelle Héraklion) résistait encore en 1648. Les Ottomans en firent le siège. Une flotte vénitienne détruisit la flotte ottomane devant les Dardanelles en 1656, retardant les renforts qui auraient permis de prendre Candie rapidement. Le siège dura 21 ans ! Finalement la ville tomba en 1669. Venise conservait encore Corfou et les îles Ioniennes (en face de la Grèce continentale). Au cours d'une nouvelle guerre (1684-88), le Vénitien Morosini reconquit le Péloponnèse, Corinthe et Athènes.

Un troisième front allait bientôt s'ouvrir. Le nouveau tsar de Russie, Pierre le Grand (r.1689-1725), à la recherche d'un débouché sur la mer Noire, s'empara d'**Azov** en Crimée en 1696. Par le traité de Karlowitz de 1699, la Russie obtint aussi une partie de l'Ukraine (avant que Catherine II n'en obtienne tout le Sud au 18°s).

§ 9. La Pologne, contre la Suède, aux côtés de l'Autriche

La Pologne s'était fédérée avec la Lituanie en 1569 (Union de Lublin) pour contrer plus efficacement les visées russes vers la Baltique. Ensemble, elles formaient un immense territoire (actuelles Pologne, Lituanie, Biélorussie et Ouest de la l'Ukraine), de loin le plus grand d'Europe (850.000 km²), deux fois la France de ce temps.

Depuis le fin de la dynastie nationale des Jagellons (en 1572), la royauté était devenue élective et le pouvoir de ce roi était très réduit au profit d'une Diète (un Parlement où étaient représentés tous les pouvoirs locaux avec droit de veto à chacun et des diétines purement locales). Ce système allait condamner le pays à l'immobilisme et brider considérablement son poids politique potentiel. Au moins, n'opprimait-il ni les individus ni les communautés.

Le premier roi élu fut un prince de la lignée catholique de la maison suédoise des Vasa, qui était un Jagellon par sa mère: Sigismond III (r.1587-1632). On rêva d'un pacte polono-suédois analogue au pacte polono-lituanien et qui aurait fait de l'Europe-Nord la plus grande puissance européenne. Mais en guise d'union, Sigismond, au nom du principe dynastique, revendiqua la couronne suédoise. Le peuple suédois et ses princes, protestants, s'y opposèrent farouchement. Ce fut la discorde.

Ayant rejeté cette tentative de mainmise, la Suède, nationalement remotivée, prit l'option de contrôler le commerce maritime dans la Baltique (d'où le conflit avec le Danemark, en concurrence sur cet enjeu; voir au point 2). Sauf par le port de Dantzig (l'actuelle Gdansk), la Pologne n'était pas vraiment partie prenante de ce conflit car elle était tournée vers l'exploitation de ses immenses domaines agricoles gérés par l'aristocratie foncière.

Mais la Suède était intéressée à contrôler l'arrière pays de ses façades baltiques. La Suède, dès le règne de Charles IX (r.1604-1611), entreprit d'occuper l'**Estonie**, et tenta de s'emparer de la Livonie (actuelle Lettonie). Le fils et successeur de Charles IX, Gustave-Adolphe (r.1611-1632), ayant fait la paix avec le Danemark et réorganisé l'armée suédoise, reprit la lutte contre les Lituano-polonais à partir de 1620. Pour rappel: prise de **Riga** en 1621; échecs et succès en **Courlande** en 1621;

trêve en 1625; victoire suédoise à la bataille de **Wallhof** au Sud de Riga le 17/1/1626; nouvelle victoire suédoise à la bataille de **Dirschau** près de Gdansk les 17-18/8/1627; puis défaite lors de la bataille navale d'**Oliwa**, près de Gdansk les 26-28 novembre 1627 mais prise de la **Livonie** en 1629.

Après la guerre de Trente-Ans (dont la Pologne avait été épargnée), Charles X Gustave devint roi à l'abdication de sa cousine Christine de Suède. Il régna de 1654 à 1660. Il avait développé ses talents militaires pendant la guerre de Trente Ans. Il entreprit d'envahir la Pologne car il en revendiquait la couronne (retournement de situation par rapport à 1611, toujours au nom de cette descendance familiale des Vasa). Réciproquement, le roi de Pologne (Jean Casimir) revendiquait à nouveau la couronne suédoise. Charles X Gustave s'allia avec Frédéric-Guillaume duc de Brandebourg qui, a priori, n'était pas favorable aux Suédois (puisque concurrents sur la Baltique) mais encore moins aux Polonais (à cause de conflits territoriaux). Ils réussirent à prendre **Varsovie** (les 28-30/7/1656) et le reste de la Pologne en trois mois mais ne purent la tenir vu qu'une large coalition se préparait contre eux et que, concrètement, Frédéric III de Danemark, en 1657, crut pouvoir prendre sa revanche contre la Suède à la faveur de cette guerre (voir point 2). Une paix générale fut conclue, négociée par la France (qui soutenait la Suède). Ce fut la **paix d'Oliwa** (3/5/1660). Outre la confirmation des conquêtes suédoises, le roi de Pologne (Jean Casimir) renonçait à ses prétentions sur le trône suédois et Frédéric-Guillaume de Brandebourg recevait la pleine souveraineté sur le duché de Prusse (Prusse orientale, sous suzeraineté polonaise) et obtint la Livonie intérieure (non la côte).

A l'occasion du premier épisode de la querelle dynastique entre la Pologne et la Suède et sa conclusion provisoire de 1611, la Pologne avait signé un traité d'assistance mutuelle avec les Habsbourg d'Autriche en 1613. Le soutien autrichien fit défaut lorsque Gustave-Adolphe de Suède envahit la Courlande en 1618 car on était à la veille de la guerre de Trente Ans, et a fortiori pour la suite. Par contre, quand l'Autriche fut menacée par les Ottomans (voir point 8), c'est une armée polonaise (sous le commandement de Chodkiwicz) qui remporta la victoire à **Khotyn I** en 1621 contre une armée de 100.000 hommes. C'est encore une armée polonaise (sous le commandement de Jean Sobieski) qui battit les Ottomans en 1673 à nouveau à **Khotyn II.** Lorsque la Pologne elle-même fut attaquée dans ses territoires ukrainiens par les Ottomans (appuyant une révolte de Cosaques de l'Est de l'Ukraine), l'armée polonaise l'emporta lors de la bataille de **Lvov** en août 1675. Lorsque le grand vizir Mustafa Pacha (aidé par la France qui voulait affaiblir les Habsbourg d'Autriche) se remit en tête de prendre **Vienne** en 1683, avec une armée de 100.000 hommes encore, c'est à nouveau une armée polonaise (toujours sous la conduite de Sobieski) et une armée austro-allemande (sous Charles de Lorraine) qui sauvèrent Vienne. De cet acte glorieux, la Pologne retira un prestige considérable mais fort peu d'avantages matériels. Le siècle suivant fut désastreux pour la Pologne.

§ 10. Entrée en scène de la Russie

La poussée russe vers l'Ouest s'était dessinée dès 1558 par l'offensive d'Ivan IV (r.1550-1584) vers les pays baltes en vue d'un accès à la Mer Baltique (la Mer Blanche au Nord de la Russie étant gelée huit mois par an). Une guerre générale s'en était suivie avec la Suède, la Pologne et le Danemark. Après 24 ans de tentatives militaires et diplomatiques, Ivan IV renonça en 1582 (temporairement) à sa politique baltique. Il décéda en 1584. A un régime de terreur succéda une longue période (30 ans) de troubles.

A Ivan IV succéda son fils Fédor (1884-1598), faible et plus intéressé à la spiritualité. Ce fut Boris Godounov, un boyard (seigneur foncier), conseiller à la Cour qui, s'étant marié à la soeur de Fédor, régna à sa place et se fit d'ailleurs couronné à la mort de Fédor. Son règne (1598-1605) parut prometteur mais il fut soupçonné de l'assassinat de l'héritier légitime, Dimitri, frère de Fédor et, pour d'autres raisons également, son règne tourna en révoltes. Ce fut l'occasion d'une **ingérence polonaise** dans les affaires russes. En effet, la Pologne semble avoir propagé la légende selon laquelle ce Dimitri n'aurait pas été assassiné mais relégué dans un monastère. Ce serait donc cet héritier légitime qui, avec l'appui de la Pologne et secrètement converti au catholicisme, réapparaissait sur la scène. Ce personnage prit effectivement le pouvoir dans l'enthousiasme populaire. Il inaugura son (très court) règne (1605-1606) par des mesures sociales en faveur de la paysannerie. Il se fit aussitôt assassiner à cause de celles-ci et de son orientation catholique. Le chef de cette rébellion, un certain Vassili Chouïski, autre boyard influent à la Cour, monta sur le trône, annula toutes les mesures du précédant mais, par ses méthodes tyranniques, fut à son tour l'objet de soulèvements. Il demanda alors l'aide de la Suède, dont les troupes occupèrent Moscou en mars 1610. Cette **ingérence suédoise** provoqua une réaction armée de Sigismond III de Pologne. A son tour, il occupa Moscou la même année et voulut installer son fils Ladislas comme souverain de Russie. Une nouvelle conjuration (les princes Minine et Pojarski) alla chercher dans son monastère un fils de la deuxième épouse d'Ivan IV, un certain Michel Romanov. C'était le début, en juillet 1613, d'une dynastie qui allait diriger la Russie jusqu'en 1917. Ainsi Pologne et Suède réglèrent leur compte en Russie même. Au passage, les Suédois obtinrent la Carélie et l'Ingrie (au Sud-Est de la Finlande) et la Pologne garda Smolensk (proche de sa frontière d'alors) qu'elle avait conquise en 1611. La Suède conclut une paix avec le tsar Michel Romanov en 1617 et la Pologne en 1618.

A Michel Romanov (r.1613-1645) succéda son fils Alexis I° (r. 1645-1676). En politique extérieure, son règne fut marqué par un accroissement considérable des terres russes. A la suite de deux **guerres contre la Pologne**, il reprit Smolensk (1654) et s'empara de la partie Est de l'Ukraine (bassin du Dniepr) dont Kiev (Traité d'Androussovo du 20 janvier 1667), grâce à l'appui des Cosaques révoltés contre la Pologne depuis 1648. Mais sa **guerre contre la Suède** (1656-58) ne lui permit pas d'obtenir un accès à la Baltique. En Asie, il étendit son empire jusqu'au Pacifique et la colonisation de la Sibérie connut un grand essor.

A la mort d'Alexis (en 1676), son fils Pierre, né en 1672, n'était pas en âge de régner. La régence fut assurée par sa soeur Sophie. Il fut proclamé tsar en 1682 (sous la régence de sa mère cette fois) mais n'accéda effectivement au trône qu'en 1694. Il avait en vue de donner à la Russie un accès à la Baltique et, d'autre part, à la mer Noire. Il prit la place forte d'**Azov** aux Ottomans dès 1696. Il s'allia à la Pologne et au Danemark et partit en guerre contre la Suède dès 1700 mais débuta par une défaite (**Narva**, à l'entrée de la Livonie, actuelle Estonie). La suite appartient au 18°s.

CHAPITRE 3

QUELQUES GRANDES BATAILLES AU 17° s.

On a pu dire que l'Europe du 17° siècle n'a été qu'une gigantesque bataille permanente entre les grandes puissances de l'époque: Espagne, Hollande, Etats allemands, Empire germanique, Suède, Pologne-Lituanie, France, Angleterre, Empire ottoman, ... On dénombre bien plus de cent batailles en un siècle, sans compter les (nombreuses) batailles dans le cadre de guerres civiles (en Angleterre, en France avec La Rochelle et la Fronde, en Espagne avec la Catalogne, ...) ni celles entre puissances européennes mais dans le Nouveau Monde ou les colonies en général. On en décrit ici quatre-vingt des plus importantes (plus de 20.000 combattants) en les datant et les localisant de manière précise, et en essayant d'en cerner les circonstances concrètes, les manoeuvres sous-jacentes, leur place dans les grands conflits en cours, leurs protagonistes principaux, l'importance des effectifs et des pertes, leurs enjeux, leur issue.

Outre le nombre considérable de victimes directes: les combattants tués (une moyenne d'un tiers des armées engagées) et les blessés handicapés à vie, non moins que les centaines de milliers de chevaux, les centaines de navires (et donc de forêts dévastées), il faudrait compter toutes les victimes indirectes: les populations tuées sur le passage des troupes ou leur occupation des territoires, les destructions, les pillages et incendies des villes, villages et campagnes, les dégâts sociaux à long terme de tant haine, de cruautés, de félonie, les dégâts et pertes au patrimoine culturel. Il vaut la peine de se rappeler que ce ne furent pas des dégâts abstraits.

Toutes les régions n'ont pas été touchées de la même manière. Les plus dévastées ont été l'Allemagne du Nord, de l'Ouest (Palatinat et Rhénanie) et du Sud (le Bade et la Bavière), les Pays-Bas espagnols (la Belgique actuelle) et l'Europe Centrale.

En voici d'abord un inventaire alphabétique (avec la date), mais elles sont présentées ci-dessous dans l'ordre chronologique

Agosta	1676	Kjöge	1677
Arras	1654	Klouchino	1610
Bantry	1689	Lens	1648
Barcelone I et II	1641	Louvain	1635
Barcelone III	1697	Lowestoft	1665
Barfleur	1692	Lund	1676
Beachy Head	1690	Lützen	1632
Belgrade	1688	Luxembourg	1684
Bois-le-Duc	1629	Lviv	1675
Breda	1625	Maastricht	1673
Breitenfeld I	1631	Magdebourg	1631
Breitenfeld II	1642	Marsaglia	1693
Buda	1686	Medway	1667
Candie	1669	Mohacs	1687
Chemnitz	1639	Montagne Blanche	1620
Dessau	1626	Mont-Cassel	1677
Douvres	1652	Namur I	1692
Downs	1639	Namur II	1695
Dunkerque	1658	Neerwinden	1693
Enzheim	1674	Nieuport	1600
Fehrbellin	1675	Nördlingen I	1634
Fleurus I	1622	Nördlingen II	1645
Fleurus II	1690	Oland	1676
Fribourg-en-Brisgau	1644	Oresund	1658
Honnecourt	1642	Ostende	1601
Jankov	1645	Palerme	1676
Khotyn	1621	Pilsen	1618
Kirkholm	1605	Quatre-Jours	1666

Rain-am-Leich	1632	Ter	1694
Riga	1656	Texel	1673
Rocroi	1643	Turckheim	1675
Saint-Denis-lez-Mons	1678	Valenciennes I	1656
Saint-Gothard	1664	Valenciennes II	1677
Sasbach	1675	Varsovie	1656
Seneffe	1674	Vienne	1683
Slankamen	1691	Walcheren	1673
Solebay	1672	Walcourt	1689
Stadlohn	1622	Wittstock	1636
Steenkerke	1692	Zenta	1697
Tchetchora	1620	Zusmarshausen	1648

1600 (2/7) NIEUPORT (B):

Une armée des Provinces-Unies (15.000 h. ss. Maurice de Nassau) fut envoyée prendre Dunkerque et le littoral flamand pour faire cesser les actions pirates contre les vaisseaux hollandais passant par la Manche ou assurant le trafic entre l'Angleterre et Ostende. Elle rencontra la résistance des troupes belgo-espagnoles (10.000 h. ss. Albert d'Autriche). Une bataille eut lieu sur la plage de Nieuport le 2/7/1600. Elle fut gagnée de justesse par Maurice de Nassau. Son armée put embarquer. (HOLL-ESP)

1601 (15/7) à 1604 (22/9) siège d'OSTENDE (B):

La ville portuaire d'Ostende était la dernière enclave hollandaise sur le littoral des Pays-Bas du Sud. Ce port fortifié était stratégique pour le commerce entre l'Angleterre et les Pays-Bas du Nord. Des troupes belgo-espagnoles (ss. Albert d'Autriche, puis Spinola) en firent le siège pendant trois ans avant d'en venir à bout. Pertes: 30.000 morts ou blessés du côté hollandais sur l'ensemble de la période; 55.000 du côté belgo-espagnol. (HOLL-ESP)

1605 (27/9) KIRKHOLM (LET):

Charles IX de Suède voulut s'emparer de la Livonie (actuelle Lettonie) avec une armée de 11.000 h. pour étendre son contrôle sur le commerce dans la Mer Baltique. Il rencontra la résistance lituano-polonaise, pourtant peu nombreuse (3.600 h.), près de Riga et fut défait (8.000 morts ou blessés du côté suédois, 100 morts et 200 blessés du côté lituano-polonais). (BALT)

1610 (4/9) KLOUCHINO (RU-Smolensk)

Suite à la mort de Boris Godounov, une querelle de succession fit intervenir la Pologne puis la Suède dans les affaires russes. Un tsar mis en place fit appel aux Suédois pour chasser les Polonais de Smolensk, ville fluviale marchande qui avait fait partie de l'orbite hanséatique et que les Polonais voulaient garder. L'armée suédo-moscovite se présenta avec une avant-garde de 7.000 h. et le gros de l'armée (30.000 h.) à quelques jours de marche. Le chef militaire polonais décida d'aller attaquer le gros de l'armée russe avec 6.000 de ses hommes seulement et confia à 700 de ses hussards l'attaque de l'avant-garde russe. Celle-ci croyait avoir à faire avec une armée polonaise bien plus nombreuse et n'avait pas réussi à informer l'armée de l'arrière de cette attaque. L'avant-garde russe fut décimée (5.000 morts sur 7.000); les Polonais ne déplorèrent que 500 morts. Smolensk ne fut rendue à la Russie qu'en 1654 (acte officialisé en 1667 par le traité d'Androussovo). (RU-POL)

1618 (19/9 au 21/11) siège de PILSEN (CZ):

Dans le contexte de la révolte de la Bohême contre les Habsbourg d'Autriche, la ville, restée loyale aux Habsbourg, fut assiégée et prise d'assaut par une armée protestante (20.000 h. ss. la conduite de Mansfeld). On considère cet évènement comme le début de la guerre de Trente Ans. (GTA).

1620 (17/9 au 9/10/1620) TCHETCHORA (Moldavie-rivière Prout)

L'enjeu était la souveraineté ottomane sur la Moldavie. Une armée ottomane de 13 à 22.000 h. affronta une armée polono-lituanienne de 10.000 h. (avec des appoints moldaves passant de l'un à l'autre camp en cours de bataille). La victoire revint au camp ottoman mais l'approche de l'hiver empêcha de poursuivre la campagne. Les Ottomans préparèrent une nouvelle offensive pour l'année suivante. Ce fut Khotyn.

(OTT-POL/LIT)

1620 (8/11) MONTAGNE-BLANCHE (Bila Hora, près de Prague):

Suite à la victoire de Pilzen, le parti protestant de Bohême avait élu comme roi le prince protestant (calviniste) Frédéric V du Palatinat. Voulant punir Frédéric pour cette trahison, l'Empereur germanique Ferdinand II lança une offensive contre le Palatinat. D'autre part, pour éviter que la Bohême ne tombe aux mains du parti protestant, il envoya une autre armée vers Prague sous la conduite du comte de Bucquoy et du comte de Tilly (totalisant 29.000 h.). Frédéric délégua le prince Christian I° d'Anhalt-Bernbourg, également passé au calvinisme, avec une armée de 21.000 h. Cette armée fut sévèrement battue. (GTA)

1621 (sept-oct) KHOTYN (Hotin / Chotin, sur le Dniestr)

(en Moldavie à l'époque, en Ukraine actuellement):

En réponse à des attaques de Cosaques d'Ukraine (sous souveraineté lituano-polonaise à cette époque) contre la Moldavie ottomane, Osman II envoya une armée de 100.000 hommes marcher sur la Pologne. Par une bataille de tranchées, l'armée lituano-polonaise de 50.000 hommes (ss. Chodiewicz) l'emporta (45.000 morts côté ottoman, 13.000 du côté polonais). (OTT-POL/LIT)

1622 (29/8) FLEURUS I (B- Hainaut):

Après la bataille de la Montagne-Blanche, les contingents protestants allemands (ss. Mansfeld et Christian de Brunswick, 14.000 h.) furent appelés par les Hollandais pour les aider à lever le siège de Bergen-op-Zoom (guerre d'indépendance de la Hollande par rapport à l'Espagne). Sur le trajet, ils furent interceptés (et défaits) par les troupes des Habsbourg d'Espagne (ss. Cordoba, 8.000 h.) à Fleurus. Mais une partie des troupes de Brunswick parvint à Bergen et réussit à faire sa jonction avec les troupes de Maurice Nassau et à faire lever le siège. Ce fut ainsi, indirectement le début de l'internationalisation de la guerre de Trente Ans. (GTA)

1623 (6/8) STADLOHN (D-Westphalie):

Le contingent protestant allemand de Christian de Brunswick (15.000 hommes) regagna l'Allemagne mais il rencontra l'armée belgo-espagnole de Tilly (20.000 hommes) qui en surveillait le Nord. Le contingent de Brunswick y fut défait (6.000 morts et 4.000 prisonniers; 1.000 du côté de Tilly). (GTA)

1625 (28/8/24 à 5/6/1625) siège de BREDA (NL-Brabant):

Dans le cadre de la guerre d'indépendance de la Hollande par rapport à l'Espagne, le général Spinola (Génois au service des Habsbourg d'Espagne) fit le siège de la ville fortifiée de Breda défendue par une garnison de 9.000 h. Spinola ne s'en empara qu'après un siège difficile et très coûteux, mobilisant 18.000 h. Les Hollandais reprirent la ville en 1637, l'Espagne n'ayant plus les moyens financiers de réagir. (HOL-ESP)

1626 (25/4) DESSAU (D-Saxe):

Une armée au service des Habsbourg d'Autriche (14.000 h.) mais financée et conduite par un entrepreneur privé, Wallenstein, y affronta une armée protestante (12.000 h.) conduite par Mansfeld qui fut défait (1.000 à 2.000 morts et 3.000 prisonniers; contre 1.000 morts pour l'armée impériale). (GTA)

1629 (avril à sept.) siège de HERTOGENBOSCH / BOIS-LE-DUC (NL-Brabant): Après la chute de Breda et la mort de Maurice Nassau, son demi-frère Frédéric-Henri reprit l'armée hollandaise en main. En 1629, il voulut prendre la ville de 's-Hertogenbosch restée fidèle aux Habsbourg d'Espagne et clé d'accès aux Pays-Bas du Nord. Avec

24.000 fantassins, 4.000 cavaliers et 4.000 auxiliaires, il entreprit de faire le siège de cette ville imprenable en détournant deux rivières et en dressant une digue de 40 km dotée de moulins à eau pour assécher les marécages et ensuite creuser des tranchées. Le gouverneur de Gueldre (région hollandaise voisine mais restée catholique) arriva avec une armée mais ne put rien faire pour sauver la ville. Elle se rendit le 14 septembre. (HOL-ESP)

1631 (nov.1630 à 20/5/1631) siège de MAGDEBOURG (D-Prusse):

Gustave-Adolphe, roi de Suède, avait débarqué à Usedom (embouchure de l'Oder) en Poméranie le 6 juillet 1630, sans doute dans le cadre de sa politique baltique. Motivé par la cause luthérienne et déjà reconnu comme excellent chef de guerre, il fut sollicité par les princes allemands protestants pour libérer la ville de Magdebourg assiégée par l'armée impériale (catholique) (ss. Tilly). Il arriva trop tard et la ville fut prise, pillée et incendiée et sa population massacrée (20.000 victimes sur 25.000 habitants). C'est ainsi que la Suède fut désormais impliquée dans la guerre de Trente Ans. (GTA)

1631 (17/9) BREITENFELD I (D-Saxe):

L'armée impériale (catholique) (35.000 h.,ss.Tilly,) s'apprêtait à prendre ses quartiers d'hiver en s'installant en Saxe (et vivre aux dépens de la région). Les Saxons (16.000 h.) firent alliance avec Gustave-Adolphe et les Suédois (23.000 h.) pour les en empêcher. L'affrontement eut lieu à Breitenfeld (près de Leizig). Gustave-Adolphe l'emporta mais au prix de plus de 5.000 morts. Tilly (7.000 morts et 6.000 prisonniers) se dirigea alors vers la Bavière, en territoire allié. (GTA)

1632 (5/4) RAIN AM LECH (D-Bavière):

Au début de la campagne suivante, Gustave-Adolphe alla provoquer Tilly en Bavière même. Les deux armées (37.500 h. contre 22.000), séparées par une rivière, s'affrontèrent. Tilly fut grièvement blessé (et mourut deux semaines plus tard). Son second (Maximilien de Bavière) ordonna de battre en retraite (2.000 morts de chaque côté). (GTA)

1632 (16/11) LÜTZEN (D-Saxe):

Ayant perdu son meilleur général, l'empereur refit appel à Wallenstein (un chef militaire indépendant de Bohême). Celui-ci leva rapidement une armée de 23.000 h. et entra par la Saxe. Gustave-Adolphe s'empressa de remonter vers la Saxe avec 19.000 h. pour lui faire barrage. L'affrontement eut lieu à Lützen. Vers la fin de celui-ci, Gustave-Adolphe fut mortellement blessé (il avait 38 ans) mais son lieutenant Bernard de Saxe-Weimar prit la relève. Wallenstein reçut des renforts de Pappenheim (qui était à 40 km de là) mais ce dernier fut tué lors d'un assaut. Wallenstein renonça à poursuivre la bataille. Pour les Suédois, ce fut une victoire à la Pyrrhus (env. 6.000 morts de chaque côté) (GTA)

1634 (6/9) NÖRDLINGEN I (D-Bavière):

Inquiet de cette série de défaites mais encouragé par la mort de Gustave-Adolphe, l'empereur du Saint Empire (Habsbourg d'Autriche) demanda et obtint les renforts des Habsbourg d'Espagne (stationnés en Italie du Nord), totalisant 33.000 h. Les protestants allemands et suédois (ss. Bernard de Saxe et Horn) totalisaient 27.500 h. La victoire des Hispano-Impériaux fut totale (8.000 morts et 4.000 prisonniers du côté protestant, 1.500 du côté catholique). Les protestants allemands envisagèrent de renoncer à leur alliance avec les Suédois et voulurent signer une paix avec l'empereur Ferdinand II. Pour empêcher une telle issue, la France de Richelieu décida dès lors d'intervenir elle-même directement dans la guerre. (GTA)

1635 (24/6 - 4/7) siège de LOUVAIN (B-Brabant)

La ville universitaire fortifiée de Louvain était défendue par une garnison belgo-espagnole (et irlandaise) de 4.000 défenseurs. Ayant décidé d'intervenir directement dans la guerre de Trente Ans pour la sortir de l'impasse, la France avait signé un accord avec la Hollande (Pays-Bas du Nord) pour envahir les Pays-Bas du Sud (la Belgique actuelle) afin d'affaiblir les Habsbourg et, plus lointainement, se partager la région entre eux deux (pacte du 8/2/1635). Une armée française (de 28.000 h. sous Brézé et Châtillon) avait déjà, au passage, écrasé une résistance espagnole aux Avins (près de Huy) le 20 mai en allant rejoindre une armée hollandaise (de 26.000 h. sous Frédéric-Henri d'Orange Nassau) à Maestricht. Leur jonction faite, cette armée de 50.000 h. se décida à faire le siège de Louvain. Le commandement espagnol (Juan José d'Autriche) envoya un détachement dans la petite ville de Tirlemont comme manoeuvre de retardement. La ville fut prise et rasée mais Louvain avait eu le temps de mieux se fortifier. Une mauvaise coordination, un approvisionnement déficient (vu l'attachement inattendu de la population au pouvoir espagnol), des épidémies dans le camp franco-hollandais, l'annonce de l'arrivée de renforts espagnols et déjà 12.000 morts, tout cela convainquit le commandement franco-hollandais de lever le siège. (HOL-ESP) (GTA)

1636 (4/10) WITTSTOCK (D- au Nord de Berlin)

Deux ans après Nördlingen, les Suédois (22.000 h. ss. Banèr et Tortensson) durent affronter une armée impériale et saxonne de 30.000 h. (les Saxons, pourtant luthériens, n'appréciaient plus la présence suédoise). Prise à revers par une manoeuvre rapide et audacieuse, l'armée saxonne fut défaite (11.000 morts ou blessés et 8.000 prisonniers; contre 5.000 morts ou blessés du côté suédois) (GTA)

1639 (14/4) CHEMNITZ (D-Saxe)

Les mêmes acteurs se retrouvèrent trois ans plus tard. Les Suédois (20.000 h. ss. Banèr et Tortensson) affrontèrent l'armée impériale et saxonne (8.000 h. ss. Gallas, vainqueur à Nördlingen en 1634). Les Suédois l'emportèrent. (GTA)

1639 (7/6) siège de THIONVILLE (F-Lorraine)

Une armée française (11.600 h., ss. de Pas) assiégeait Thionville (à la frontière des Pays-Bas espagnols et de la Lorraine française). Une armée habsbourgeoise (d'Espagne et d'Autriche) de 20.000 h. (ss. Piccolomini), venue en renfort, écrasa l'armée française (6.000 morts ou blessé et 3.000 prisonniers). La ville fut cependant prise par le duc d'Enghien après la bataille de Rocroi en juin 1643. (GTA)

1639 (21/10) bataille navale des DOWNS (GB, près de Douvres)

L'Espagne transportait des troupes vers la Flandre par deux voies, l'une terrestre (à partir des possessions espagnoles du Nord de l'Italie, ensuite via la vallée du Rhin), l'autre maritime (de la Corogne vers Dunkerque). Un de ces convois (77 navires, transportant 23.000 fantassins) fut attaqué par une flotte de 117 navires hollandais (ss. Tromp) au large de Calais. Après un premier affrontement non décisif du 27 au 29 septembre, la flotte espagnole se replia du côté anglais (neutre dans ce conflit) et une bonne partie des troupes put débarquer (et être ensuite acheminé vers la Flandre par bateaux anglais). La bataille reprit le 21 octobre au large de Douvres avec 38 navires hollandais. Un seul fut détruit et 9 capturés au cours de cet engagement mais, au total, les Espagnols avaient perdu ou sabordé une quarantaine de navires (+ 7.000 morts et 2.000 prisonniers), contre 10 du côté hollandais (+ entre 500 et 1.000 morts du côté hollandais). Cette défaite sonna la fin de la suprématie navale espagnole. (HOLL-ESP) (GTA)

1641 (26/1) BARCELONE I (ESP-Catalogne)

Les Catalans s'étaient révoltés depuis 1640 contre le pouvoir de Madrid à cause de la levée de troupes contre la menace d'invasion française, de l'obligation de loger des troupes hispaniques en prévision de celle-ci et de leurs pratiques habituelles de maraude violente. La France de Richelieu, par politique anti-espagnole, soutenait cette révolte et la finançait. Les insurgés catalans avaient pris le contrôle de Barcelone. Madrid envoya une armée de 23.000 hommes. La France envoya 6.000 hommes en renfort auprès des Catalans. La victoire revint aux Franco-Catalans. Barcelone fur reprise par les Espagnols en 1652. (FR-ESP) (GTA)

1642 (23-24/10) BREITENFELD II (D-Saxe):

D'autre part, Richelieu renouvela un accord de coopération militaire et financière avec les princes allemands opposés à l'Empereur ainsi qu'avec les Suédois. Ces derniers (20.000 h. ss. Tortensson) entreprirent le siège de Leipzig. L'armée impériale (26.000 h. ss. Léopold-G. de Habsbourg et Piccolomini) accourut mais fut défaite (5.000 morts et blessés et 5.000 prisonniers). Tortensson (4.000 morts) ne poursuivit pas son offensive et occupa la Saxe. (GTA)

1642 (26/5) HONNECOURT (F-Artois)

Le principal des forces françaises étant occupé au siège de Perpignan au Sud de la France, le gouverneur espagnol des Pays-Bas méridionaux (F. de Melo, de 1641 à 44) s'avisa d'ouvrir un front Nord avec une armée de 20.000 h. L'armée française disponible dans la région comptait 10.000 h. (ss. La Guiche). Ce fut une victoire complète pour l'armée belgo-espagnole (7.000 morts du côté français, 500 du côté espagnol) mais elle ne fut pas exploitée et la victoire française l'année suivante à Rocroi en annihila tous les effets. (FR-ESP) (GTA)

1643 (19/5) ROCROI (F-Ardennes):

Profitant du décès de Louis XIII (le 14 mai) et de la vacance prévisible de pouvoir (Louis XIV avait 4 ans), l'armée belgo-espagnole (ss. de Melo, 27.000 h.), alliée de fait aux Habsbourg d'Autriche, entreprit un siège de la ville de Rocroi pour "distraire" la France du front qu'elle avait ouvert en Espagne même. L'armée française (22.000 h. ss. le jeune duc d'Enghien) l'emporta après une très rude bataille. (4.000 morts et blessés du côté français; 8.000 morts et 7.000 prisonniers du côté belgo-espagnol). C'était aussi la fin de l'invincibilité des *tercios* espagnols. Dans la foulée, d'Enghien s'empara de Thionville (GTA)

1644 (3-5 et 9/8) FRIBOURG-EN-BRISGAU (D-Bade):

La ville était une place forte des Habsbourg à l'entrée de la vallée du Rhin, défendue par le Luxembourgeois von Mercy à la tête d'une armée impériale bavaroise de 16.000 hommes. L'armée française, présente désormais en territoire allemand, sous la conduite de Turenne et d'Enghien, forte de 25.000 h., l'emporta après une bataille de plusieurs jours mais avec de lourdes pertes (7 à 8.000 morts; 2.500 du côté impérial). Cette place forte clé fut reprise peu après par les Bavarois, puis reconquise par Créqui en 1677 et resta alors française jusqu'en 1697. (GTA)

1645 (6/3) JANKOV / JANKAU / JANKOVICE (CZ-Bohême):

Alors que l'armée française sévissait dans la vallée du Rhin, les Suédois (ss.Tortensson, 16.000 h.) envahirent la Bohême, appuyée par une très forte artillerie (80 canons contre 24 dans le camp adverse). L'armée impériale (ss.Hatzfeld, 16.000 h.) fut battue (4.000 morts et 4.500 prisonniers). L'armée suédoise (2.000 morts et 2.000 blessés), épuisée et manquant de ravitaillement, renonça à poursuivre vers Vienne. (GTA)

1645 (3/8) NORDLINGEN II / ALLERHEIM (D-Bavière)

Après une défaite à Mergentheim (en Franconie, le 5/5/1645), la France souhaitait prendre une revanche. L'armée française (17.000 h. ss. le duc d'Enghien, désormais prince de Condé, et Turenne) rencontre l'armée impériale et bavaroise (15.000 h. ss.Mercy et De Weert). La bataille, indécise, fut une des plus meurtrières de la guerre de Trente Ans (4.000 morts de chaque côté, dont le général d'empire von Mercy). De Weert renonça à poursuivre le combat. (GTA)

1648 (17/5) ZUSMARSHAUSEN (D-Bavière):

Une armée suédoise (ss. Wrangel) et une armée française (ss. Turenne), totalisant 25.000 h., pénétrèrent en Bavière et affrontèrent l'armée impériale et bavaroise (ss. Melander, 18.000 h). Sentant sa défaite, un contingent de l'armée bavaroise se sacrifia (les 2.200 victimes de cette bataille) pour permettre le retrait sur Augsbourg du reste de l'armée. Les intempéries et le manque de vivres força l'armée franco-suédoise de se retirer en Souabe. Ce fut la dernière grande bataille de la guerre de Trente Ans. (GTA)

1648 (20/8) LENS (F-Artois):

Relevant du comté de Flandres depuis le 9°s., la ville avait été conquise par la France en 1647. Les troupes belgo-espagnoles (20.000 h. ss. Léopold-G. de Habsbourg) l'avaient reprise le 18/8/1648. Elle fut reconquise deux jours plus tard par les troupes françaises (16.000 h. ss. d'Enghien) qui venaient de prendre Ypres. Ce coup d'éclat, mineur en soi, renforça la position de la France (de Mazarin) pour les ultimes négociations du Traité de Westphalie. (GTA)

1652 (29/5) bataille navale de DOUVRES (GB-Manche):

Des navires de guerre hollandais, sous la conduite de l'amiral Tromp, escortant des navires marchands dans la Manche, furent pris à partie par des navires de guerres anglais sous la conduite de l'amiral Blake. Tromp n'eut pas le dessus mais il réussit à ramener ses navires marchands à bon port. La première guerre anglo-hollandaise (1652-1654) était déclarée. D'autres batailles navales suivirent, engageant jusqu'à 100 navires de guerre de chaque côté: Plymouth le 26/8/1652, Kentish Knock le 8/10/1652; Dungeness le 10/12/1652, Portland le 2/3/1653; Gabbard Bank le 12-13/6/1653, Scheveninge le 10/8/1653 où Tromp fut mortellement blessé. Cette première guerre se termina par le traité de Westminster (15/4/1654), à l'avantage de l'Angleterre. (ANGL-HOL)

1654 (25/8) levée du siège d'ARRAS (F-Artois)

Arras, relevant des Pays-Bas méridionaux, était tombée aux mains des Français (ss. Châtillon) en 1640 dans le cadre de la guerre de Trente Ans. Le gouverneur espagnol voulait profiter des troubles en France (la Fronde) pour reconquérir l'Artois. Suite à la Fronde, Condé était passé dans le camp espagnol (22.000 h.) et participait au siège de la ville. L'armée de Turenne (25.000 h.) vint au secours des assiégés et parvint aisément à faire lever le siège (7.000 tués, blessés ou prisonniers du côté espagnol, 400 du côté français). (FR-ESP)

1656 (16/7) VALENCIENNES I (F-Artois):

Désormais dans le cadre de la guerre entre la France et l'Espagne, l'armée française (25.000 h. ss. Turenne) assiégea cette autre ville disputée entre les Pays-Bas espagnols et la France. La garnison de la ville fut secourue par des troupes belgo-espagnoles (20.000 h. ss. don Juan d'Autriche, fils naturel de Philippe IV d'Espagne, et le duc d'Enghien qui avait rejoint les rangs espagnols par opposition à Turenne lors de la Fronde 1648-1653). Turenne abandonna le siège. (FR-ES)

1656 (28-30/7) VARSOVIE (PL):

La Suède avait commencé à envahir la Pologne-Lituanie en 1655. En 1656, Charles X de Suède s'allia avec Frédéric-Guillaume du Brandebourg et de Prusse, totalisant 19.000 h, pour prendre Varsovie (en vue de contrôler les ports lituano-polonais de la Baltique). Ils y réussirent (malgré des forces lituano-polonaises de 36.000 h.) mais ne purent s'y maintenir. (BALT)

1656 (24/8 au 5/10/1656) siège de RIGA (LETTONIE)

Ancienne port hanséatique, la ville était devenue polonaise en 1561, puis suédoise en 1621. A présent les Russes la convoitaient afin d'avoir un accès à la mer Baltique. Une armée russe de 25.000 h. en fit le siège. La ville était défendue par une garnison de 7.500 Suédois. A défaut de succès immédiat, le tsar Alexis I° abandonna le siège, surtout que ce siège était en train de provoquer une coalition anti-russe.

(BALT)

1658 (14/6) DUNKERQUE (F-Nord):

Le port de Dunkerque (sous souveraineté des Pays-Bas espagnols) servait de port de débarquement de troupes espagnoles (embarquées à La Corogne). La France voulait gêner et même empêcher l'arrivée de ces renforts par voie maritime. Elle avait déjà occupé Dunkerque entre 1646 et 1652. A la suite d'une entente avec l'Angleterre de Cromwell, Turenne (F) se chargea d'encercler la ville tandis que l'Angleterre en faisait le blocus naval. Ces deux puissances étaient traditionnellement ennemies mais le sentiment anti-espagnol l'emportait pour le moment. Turenne (15.000 h) réussit à mettre en déroute l'armée espagnole (14.000 h. ss. Condé et Juan d'Autriche) enlisée dans les dunes. Turenne livra la ville aux Anglais qui cherchaient à avoir un pied-à-terre sur le continent. Elle fut rachetée par la France en 1662. (FRAN-ESP)

1658 (8/11) bataille navale d'ORESUND (DK-détroit entre le Danemark et la Suède): le Danemark (avec 35 navires, armés de 1.270 canons, avec 6.000 h.) était revenu à la charge contre la Suède (avec 44 navires, armés de 1.605 canons, avec 6.500 h.) qui voulait contrôler la

Baltique. Cette fois, il eut le soutien de la flotte hollandaise qui ne voulait pas non plus de ce contrôle suédois. La Suède dut renoncer. (BALT)

1664 (1/8) SAINT-GOTHARD (Hongrie)

Un des grands vizirs ottomans, Akhmed Köprülü, leva une armée de 120.000 hommes avec l'intention de prendre Vienne mais une armée impériale (austro-allemande) et française (22.000 h., fantassins et cavaliers, ss. Montecuccoli) lui barra le passage à Saint-Gothard en Hongrie, juste avant de pénétrer en Autriche. L'armée impériale était disparate et le commandement non coordonné mais l'armée ottomane était non seulement disparate mais pléthorique (70 des 100.000 ne furent même pas engagés dans la bataille) et indisciplinée. Une rivière (le Raab) fut l'obstacle tactique qui causa la défaite ottomane.

(OTT-Ligue du Rhin)

1665 (13/6) bataille navale de LOWESTOFT (GB-Manche)

Cette bataille eut lieu dans le cadre de la deuxième guerre anglo-néerlandaise (1665-1667). La flotte anglaise était composée de 109 navires, armés de 4.542 canons, avec 22.055 hommes à bord. La flotte hollandaise était composée de 103 navires, armés de 4.869 canons, avec 21.613 hommes à bord. Suite à des erreurs et des défaillances de commandement, la flotte hollandaise fut défaite mais les Anglais ne réussirent pas leur blocus des ports hollandais. (ANGL-HOLL)

1666 (1-4/6) bataille navale des QUATRE-JOURS (GB-Manche à la hauteur de Dunkerque) dans le cadre de la deuxième guerre anglo-néerlandaise. La flotte hollandaise était composée de 84 navires (ss. de Ruyter), la flotte anglaise (ss. Monck) de 79. Les péripéties de la bataille furent nombreuses. Finalement, les Anglais (10 navires perdus) s'esquivèrent à la faveur d'un brouillard et de Ruyter (4 navires perdus) renonça à les poursuivre. (ANGL-HOLL)

1667 (12-14/6) MEDWAY (GB-Manche):

Enhardie par sa victoire, la Hollande voulut une victoire plus complète. Elle s'attaqua à un des chantiers navals de la Royal Navy, loin dans l'estuaire de la Tamise. Surpris et pris de panique, les Anglais coulèrent délibérément 30 navires, d'autres furent incendiés par les Hollandais ou pris en trophée. Un traité de paix, favorable aux Hollandais, fut signé le 31/7/1667 à Breda mettant fin à cette deuxième guerre anglo-néerlandaise (ANGL-HOLL)

1669 (5/9) siège de CANDIE (Crète):

La Méditerranée était devenue un lac ottoman. Seule Venise résistait en Crète. Après un semi-blocus de 24 ans et une ultime phase de siège de 1667 à 69, Candie, possession vénitienne depuis quatre siècles, tomba. (100.000 h. et 400 navires engagés du côté ottoman, 33.000 h. du côté de Venise). (OTT-VENISE)

1672 (7/6) bataille navale de SOLEBAY (GB-Manche):

Cinq ans après Medway, les Anglais voulurent prendre leur revanche. Ils firent alliance avec la France, également jalouse de la puissance navale hollandaise. La bataille opposa 93 vaisseaux anglais à 75 hollandais. Elle ne fut pas décisive (1 navire coulé de chaque côté) et l'alliance franco-anglaise en fut fragilisée. (ANGL-HOL)

1673 (6/6 - 1/7) siège de MAASTRICHT (NL-Est):

Dans la foulée de sa guerre contre les Pays-Bas espagnols, la France voulut s'emparer aussi de la Hollande mais ses opérations étaient contrariées sur son flanc Est par la ville de Maastricht, fortifiée et défendue par 6.000 hommes. L'armée française encercla la ville avec 40.000 hommes et 58 canons. Mais c'est surtout Vauban, en bon ingénieur, qui parvint assez rapidement à neutraliser les fortifications de la ville. (FRAN-HOLL)

1673 (7/6) bataille navale de WALCHEREN (NL- Escaut):

L'amiral hollandais de Ruyter avait pour plan de bloquer la flotte anglaise principale dans l'estuaire de la Tamise et d'y couler leurs navires. La flotte anglaise put prendre les devants et de Ruyter se retira dans l'estuaire de l'Escaut (à la hauteur de Schooneveld) où il se fit attaquer. La bataille ne fut pas décisive et les pertes faibles (2 navires coulés du côté de l'allié français de l'Angleterre et 1 navire hollandais coulé) mais le déploiement naval fut impressionnant (86 navires anglais et français contre 64 navires hollandais). (ANGL-HOL)

1673 (1/8) bataille navale de TEXEL (NL-Mer du Nord):

La même coalition franco-anglaise établit un blocus des côtes néerlandaises. Pour le briser, les Hollandais (75. navires ss. de Ruyter et Tromp) engagèrent la bataille. L'amiral anglais (Spragge) négligea de diriger sa flotte (92 navires) dans sa rage à vouloir tuer Tromp (Cornélis, fils de Martin) personnellement. Les Français ne participèrent pas vraiment. L'Angleterre renonça désormais à s'associer avec les Français à cette guerre contre la Hollande. (ANGL-HOL)

1674 (11/8) SENEFFE (B-Hainaut):

Par un retournement d'alliance (dans le cadre de la Ligue d'Augsbourg contre la France envahissante), les Hollandais (ss. Guillaume Nassau) s'allièrent avec les Impériaux (Habsbourg d'Autriche) et les Pays-Bas espagnols (Habsbourg d'Espagne), constituant une armée de 62.000 h., contre l'avancée française (44.000 h., ss. Condé, vainqueur à Rocroi et à Lens). Bataille très meurtrière (25.000 morts en un jour) et finalement indécise. (FR-AUGS)

1674 (4/10) ENZHEIM (F-Alsace):

Pendant que le prince de Condé s'occupait du front des Pays-Bas du Sud et qu'une autre armée envahissait la Franche-Comté (possession des Habsbourg), le maréchal Turenne était chargé de contenir ou d'occuper l'armée Impériale en Allemagne. Il voyait en l'Alsace une position stratégique. Après une première bataille (mineure) à Sinzheim (16/6/1674) et avoir incendié Heidelberg (7/7/1674), il ravagea l'Alsace (juillet 1674), provoquant une réaction très forte des princes allemands. Une armée Impériale de 35.000 h. et 50 canons, sous Burnonville (un Brabançon), Caprara (de Bologne) et Charles V de Lorraine, s'avança jusqu'en Alsace et livra bataille à l'armée française (25.000 h. et 30 canons, sous Turenne). Les pertes ne furent pas très importantes (4.000 du côté impérial et 2.500 du côté français) et l'issue ne fut pas décisive mais la guerre s'installait en Alsace. (FR-AUGS)

1675 (5/1) TURCKHEIM (F-Alsace):

Cette offensive française raffermissait la ligue d'Augsbourg. Même le Brandebourg-Prusse (ss. Frédéric-Guillaume) s'allia avec les Impériaux (Habsbourg d'Autriche), leur ennemi lors de la guerre de Trente Ans, totalisant 50.000 h., contre les avancées françaises (ss. Turenne) en Allemagne. Turenne, avec une armée de 30.000 h., créa la surprise en attaquant en plein hiver et après avoir contourné les Vosges. Il s'empara ainsi de l'Alsace. Peu de victimes mais des manoeuvres formidables. (FR-AUGS)

1675 (28/6) FEHRBELLIN (D-Nord):

La Suède et le Brandebourg furent souvent alliés dans des guerres antérieures, tous deux soutenus par la France. Mais quand Frédéric-Guillaume se joignit à la coalition contre la France (qui menaçait maintenant de dominer l'Allemagne), la France persuada la Suède d'attaquer le Brandebourg pendant que son armée était au loin. Frédéric-Guillaume de Brandebourg regagna le Brandebourg à marche forcée (avec 5.600 cavaliers) et parvint à défaire le contingent suédois (11.000 h.). Peu importante en effectifs et en pertes, cette victoire brandebourgeoise eut un impact psychologique considérable (elle fut fêtée en Allemagne jusqu'en 1914) car elle marquait la fin de la suprématie militaire suédoise et l'avènement de l'avènement de la puissance militaire prussienne. (FR-AUGS)

1675 (27/7) SASBACH (D-Bade):

La France voulut s'implanter dans la région du Rhin (intention déjà présente à l'occasion de sa participation à la guerre de Trente Ans). Turenne (avec 20.000 h.) rencontra l'armée impériale (25.000 h., ss. Montecuccoli) à Sasbach. La France avait l'avantage mais Turenne fut tué par un boulet perdu. Montecuccoli, profitant du désarroi, repassa à l'offensive et ré-occupa l'Alsace. (FR-AUGS)

1675 (24/8) LVIV (Ukraine-Ouest):

Les Tatars (soutenus par les Ottomans) s'avancèrent jusqu'à Lviv / Lvov à partir de la Crimée mais le Polonais Sobiewski les attendait. Les 20.000 Tatars furent tués. Ils furent encore vaincus en 1698 à Podhajié. (OTT - POL/LIT)

1676 (22/4) bataille navale d'AGOSTA (Sicile):

Une insurrection anti-espagnole avait éclaté à Messine en Sicile (possession espagnole depuis le 13°s.) en 1674. Messine, soumise à un blocus naval, avait fait appel à l'aide française. La France, ennemie de l'Espagne et soucieuse de développer sa présence navale en Méditerranée, s'était empressée d'accepter (divers convois d'aide alimentaire appuyés de navires de guerre entre 1674 et 1676; 37 navires de guerre au moment de la bataille). L'Espagne finit par demander le soutien de la Hollande. C'était une ancienne ennemie mais devenue alliée depuis Seneffe (1674). La Hollande envoya une flotte en début 1676 (18 navires, ss. de Ruyter, complétant les 18 navires espagnols), manière pour elle d'empêcher ce développement de la présence navale française en Méditerranée. Il y eut peu de pertes mais de Ruyter mourut plus tard de ses blessures. (FR - ESP/HOL)

1676 (2/6) bataille navale de PALERME (Sicile):

Après Agosta, les navires espagnols et hollandais furent envoyés à Palerme pour réparations. Profitant de cette insouciance, la flotte française (63 navires sous Vivonne et Duquesne) les surprit et incendia 18 navires adverses dans la rade de Palerme. Ce haut-fait compléta la victoire d'Agosta et confirma l'émergence de la puissance navale française, ce qui provoqua un rapprochement inattendu entre l'Angleterre et la Hollande. (FR - ESP/HOL)

1676 (11/6) bataille navale d'ÖLAND (une île entre Suède et Finlande):

Suite à la défaite suédoise de Fehrbelin, le roi Christian V de Danemark entreprit de reprendre ses territoires perdus en 1645 et 1658. La Hollande, également intéressée à retrouver une liberté de navigation dans la Baltique, apporta son soutien naval aux Danois (39 navires au total). La Suède disposait de 56 navires mais fut vaincue. (BALT)

1676 (14/12) bataille terrestre de LUND (Suède):

Suite à la défaite d'Öland, le roi Charles XI de Suède voulut reprendre ces territoires. Le Danemark les défendit avec plus de 12.000 hommes, contre 8.000 du côté suédois. Au terme d'une bataille indécise mais très sanglante (entre 6.000 et 7.000 morts ou blessés et 2.000 prisonniers du côté danois, contre 2.500 à 3.000 du côté suédois), Charles XI l'emporta. (BALT)

1677 (de nov.76 au 17/3/1677) siège de VALENCIENNES (F-Artois)

Turenne avait été tué lors de la bataille de Salzbach (1675). Condé avait pris sa retraite. Mais Louis XIV voulut continuer sa lutte pour s'emparer des Pays-Bas méridionaux et, dans ce cadre, reprendre la place forte de Valenciennes que Turenne n'avait pu reprendre en 1656. L'armée française se présenta avec 60.000 h. sous le commandement de 6 maréchaux dont Vauban lui-même et en présence de Louis XIV. L'opération avait été bien préparée et la tactique toute en surprise. La ville tomba presque sans coup férir. (FR-HOL)

1677 (11/4) MONT-CASSEL (F-Artois)

Cette bataille a constitué un épisode majeur de la guerre franco-hollandaise. L'armée française était constituée de 34.000 h. ss. 4 maréchaux. L'armée coalisée hollandaise (Hollandais, Belges, Espagnols, Anglais et autres) comptait 32.000 h. sous la conduite de Guillaume d'Orange. Les pertes furent limitées mais Guillaume d'Orange, mal renseigné et trop impétueux, fut vaincu. Dans la foulée, la France s'empara de St Omer et d'Ypres. (FR-HOL)

1677 (1/7) bataille navale de KJÖGE (DK-Copenhague):

Après Lund, le Danemark ne s'avoua pas vaincu. Il engagea une nouvelle bataille, navale cette fois (27 navires, 6.700 h. et 1.354 canons), contre une flotte suédoise (34 navires, 8.260 h. et 1.792 canons). Anticipant un changement de direction des vents, le Danemark emporta une victoire décisive, la plus grande de son histoire navale. (BALT)

1678 (14/8) ST DENIS-lez-Mons (B-Hainaut):

La France avait fait la paix avec la Hollande (le Paix de Nimègue, le 10/8) mais pas encore avec l'Espagne. Les Français voulaient encore prendre la ville de Mons (en territoire des Pays-Bas espagnols). Les forces étaient sur place: les troupes françaises (40.000 h. ss. le maréchal de Luxembourg) et les troupes hollandaises et anglo-belgo-espagnoles (45.000 h. ss. Guillaume d'Orange). L'affrontement eut lieu à l'initiative de Guillaume d'Orange. La nuit mit fin au combat (très violent), à l'avantage des Français. Mais le maréchal de Luxembourg leva le siège. La paix avec l'Espagne fut signé le mois suivant, le 17/9/78.

(FR-ESP)

1683 (11-12/9) siège de VIENNE (Autriche):

Les Ottomans étaient installés en Hongrie depuis le 16°s. (Mohacs I en 1526 et tentative de prendre Vienne en 1529). En mars 1683, le sultan ottoman Mehmed V envoya d'Istanbul une armée de 200.000 hommes (ss. le grand vizir Kara Mustapha, dont 100.000 seulement auraient participé à la bataille du 11-12/9) pour assiéger Vienne et étendre leur présence dans les riches régions d'Europe centrale. La ville avait été évacuée sauf 15.000 défenseurs. Grâce à des renforts importants de l'armée impériale des Habsbourg (65.000 h. sous la conduite de Charles V de Lorraine) et de Pologne (27.000 h. ss.Jean III Sobiewski), les assiégeants ottomans furent mis en déroute.

(OTT- HABS/POL)

1684 (29/4 - 3/6) siège de LUXEMBOURG (Grand Duché):

Dans le cadre de sa politique "de réunions" de villes allemandes du Rhin sous divers prétextes historiques, Louis XIV, qui venait de prendre

Strasbourg par surprise en 1681, voulut s'emparer de la ville fortifiée de Luxembourg pour éviter une contre-attaque qui viendrait de Hollande. Le maréchal de Créqui s'empara de la ville après un siège de 5 semaines dirigé par Vauban (mais elle dut être restituée aux Habsbourg d'Espagne par le Traité de Rijswijk en 1697). (FR-AUGS)

1686 (2/9) siège de BUDA (Hongrie):

La ville étaient demeurée ottomane depuis 1541. Suite au succès de Vienne, Charles de Lorraine (avec 34.000 h.), au service des Habsbourg d'Autriche, tenta de reprendre Buda en 1684 mais, après 109 jours de siège, ce fut un demi-échec. Il revint à la charge avec 74.000 h et une bien meilleure préparation. Cette fois, il réussit à prendre la ville, ce qui permit d'envisager la reconquête de la plaine hongroise.

(OTT-HABS/HONGR)

1687 (12/8) MOHACS (Hongrie):

La ville avait été prise par Soliman III dit le Magnifique en 1526. Charles de Lorraine et Louis de Bade (60.000 h.) y remportèrent une importante victoire sur les Ottomans (60.000 h. ss. Suleyman Pacha). A l'issue d'une sévère bataille (10.000 morts du côté ottoman, contre 600 du côté autrichien), l'armée ottomane se disloqua. (OTT-HABS/HONGR)

1688 (sept.) BELGRADE (Serbie):

La ville avait été conquise par Soliman II en 1521. Les Impériaux la reprirent en 1688, mais elle fut reperdue deux ans plus tard, après que l'armée ottomane se soit reconstituée. Au 18°s. (16/8/1717), le prince Eugène de Savoie, au service des Habsbourg d'Autriche, y gagna une grande victoire sur les Ottomans. (OTT-HABS)

1689 (11/5) bataille navale de BANTRY (Irlande):

Guillaume d'Orange (chef militaire des Pays-Bas du Nord) s'étant marié avec la fille de Jacques II d'Angleterre et ce dernier ayant été déchu, Guillaume accéda au trône d'Angleterre. La France avait accueilli Jacques II et lui apporta son soutien militaire. Les 40 navires français voulurent débarquer des hommes et du matériel à Kinsale en Irlande mais une flotte anglaise (19 navires) l'y attendait. La bataille s'engagea mais ne fut pas décisive. Le débarquement put avoir lieu. (FR-ANGL)

1689 (25/8) WALCOURT (B-Hainaut):

Guillaume d'Orange (Hollande) venait d'être intronisé roi d'Angleterre et n'appréciait pas le soutien français à son rival Jacques II. Ennemi irréductible de Louis XIV depuis 1672 et allié aux princes allemands récemment spoliés par le roi de France, il se concentra contre la France dans le cadre de la Ligue d'Augsbourg (qu'il s'activa à mettre en place). Il constitua une armée de 35.000 hommes (27.000 Hollandais et mercenaires sous le commandement de Waldeck et 8.000 Anglais sous le duc de Malborough). Elle était en mouvement vers Fleurus (en Hainaut). Le maréchal français d'Humières était occupé à rassembler son armée (24.000 h.) dans la région de la Sambre (à quelques dizaines de km. de Fleurus). Un contingent de l'armée de Waldeck fut surpris lors d'une opération de ravitaillement dans le campagnes de Walcourt. Un engagement eut lieu. Les renforts arrivèrent rapidement de part et d'autre. Le combat, improvisé, tourna au désavantage de d'Humières (2.000 mort ou blessés contre 100 à 300 du côté Waldeck). Le combat ne fut pas poursuivi. (FR-AUGS)

1690 (1/7) FLEURUS II (B- Hainaut):

A la suite de la bataille de Walcourt (1689), eut lieu un nouvel affrontement entre une armée française (30.000 h., 70 pièces d'artillerie, ss. le maréchal de Luxembourg) et une armée de la Ligue d'Augsbourg (37.800 h., 90 pièces d'artillerie, ss. Waldeck). Grâce à son génie tactique, le maréchal de Luxembourg l'emporta mais, craignant l'arrivée de renforts allemands, il renonça à poursuivre la bataille. (FR-AUGS)

1690 (10/7) bataille navale de BEACHY HEAD / BÉVEZIERS

(GB-Manche): Après la demi-défaite de Bantry, les Français relancèrent une expédition (75 navires, 4.600 canons, 28.000 marins, ss. Tourville) contre l'Angleterre. Les Anglais et leurs alliés Hollandais étaient en situation d'infériorité (59 navires, dont 22 hollandais, 4.153 canons, 19.000 marins, ss. Torrington). En présence de la flotte française au large de l'île de Wight, Torrington hésitait à livrer la bataille mais il en reçut l'ordre. La partie hollandaise de la flotte constituait l'avant-garde. Elle fut rapidement encerclée et décimée (17 navires perdus) par l'avant-garde française, sans que les navires anglais n'aient pu (à cause des marées) ou n'aient voulu (hésitations de Torrington) les aider. Mais les navires français, entraînés par les courants, ne purent poursuivrent à ce moment-là. La flotte anglaise se retira. Torrington fut sanctionné mais le rêve français d'une suprématie navale dans la Manche en prit un coup. (FR-ANGL)

1691 (19/8) SLANKAMEN (Serbie-Voïvodine)

Ayant réussi à reprendre Belgrade en 1690, une armée ottomane (50.000 h. ss. le grand vizir Mustapha Köprülü) repartit à l'offensive dans l'espoir de reprendre position en Europe Centrale. Elle rencontra l'armée Impériale (autrichienne et serbe) (33.000 h. ss. Louis de Bade) qui l'emporta aisément. (OTT - HABS)

1692 (29/5 au 5/6) bataille navale de BARFLEUR-LA HOUGUE (F):

Louis XIV, voulant rendre son trône à Jacques II (pour éviter que Guillaume d'Orange n'y accède), projeta d'envahir l'Angleterre (avec les royalistes anglais). Il s'agissait aussi de détacher l'Angleterre de la Ligue d'Augsbourg et ainsi de l'affaiblir considérablement. Une expédition réduite (44 navires de ligne, 3.240 canons, 21.000 h., ss. Tourville) fut lancée en mai 1692 mais elle fut interceptée au large des côtes françaises (Barfleur) par une flotte anglo-hollandaise (88 navires de ligne, 6.750 canons, 39.000 h.). Décimée, la flotte française chercha refuge à La Hougue mais y fut poursuivie par les Anglais. Elle y perdit 15 navires; les Anglais 2. Ce fut une étape allant dans le sens d'une suprématie navale anglaise. (FR-ANGL/HOL)

1692 (25/5 au 30/6) siège de NAMUR (B):

Une armée française (76.000 h. pour encercler la ville et 36.000 assaillants, 151 canons, un Etat-Major impressionnant, sous le commandement du maréchal de Luxembourg, de Boufflers, de l'ingénieur en fortifications Vauban, et en présence de Louis XIV lui-même et de sa Cour) fit le siège de la citadelle de Namur (conçue par Coehorn, l'ingénieur hollandais rival de Vauban) en vue de se doter d'une place forte pour la suite des opérations contre les Pays-Bas (du Sud et du Nord). L'opération, très bien préparée, avait été tenue secrète jusqu'au dernier moment (Namur n'est qu'à un jour de marche de la frontière française). La citadelle était défendue par une garnison de 6 à 8.000 h. mal aguerris, ss. le duc d'Arenberg (et Coehorn). L'armée de Guillaume d'Orange n'était pas disponible pour leur porter secours. La citadelle tomba après 5 semaines de siège (mais fut reprise 3 ans plus tard). (FR-ANGL/HOL)

1692 (3/8) STEENKERKE (B-Hainaut):

Un mois plus tard, à quelques dizaines de km. de Namur, l'armée française de campagne (réduite à 70.000 h., ss. le maréchal de Luxembourg) rencontra une armée de la Ligue d'Augsbourg (80.000 h, ss. Guillaume d'Orange cette fois) sur un terrain très vallonnée. Le choc fut terrible et les pertes sévères (7.000 morts ou blessés du côté français; 10.000 du côté des coalisés). Guillaume ne réussit pas à coordonner ses commandants et ordonna la retraite. Son prestige en fut atteint.

(FR- AUGS)

1693 (29/7) NEERWINDEN (B- Brabant):

Dans la foulée de Steenkerke, l'armée française (70.000 h. ss. le maréchal de Luxembourg, avec 70 canons) affronta une nouvelle fois les armées de la Ligue d'Augsbourg (60.000 h, surtout Hollandais et Allemands, ss. Guillaume d'Orange, avec 100 canons). Le choc, en plaine, fut à nouveau terrible et les pertes très sévères (8.000 tués ou blessés du côté français; 18.000 du côté des coalisés), ce qui en fit une des plus sanglantes batailles du siècle. Victorieux mais épuisés, les Français renoncèrent à poursuivre les coalisés défaits. Le maréchal de Luxembourg ramena 82 étendards qui vinrent orner Notre-Dame de Paris, ce qui lui valut le surnom de "tapissier de Notre-Dame".

(FR-AUGS)

1693 (4/10) LA MARSAILLE / MARSAGLIA (IT-Piémont)

Dans le cadre de la Ligue d'Augsbourg (coalition anti-française), le duché de Savoie jouait un double jeu, allié au plus offrant suivant ses propres intérêts immédiats. Etant passé du côté Augsbourg en 1690, l'armée française (35.000 h. sous Catinat) répliqua par l'invasion de la Savoie. Après les batailles de Staffarde (1690) et de Nice (1691), Catinat se préparait à investir Marsaglia (près de Turin) en 1693. Une armée savoyarde avec des renforts de l'Empire et de l'Espagne de 30.000 h. sous le conduite de Victor-Amédée de Savoie crut pouvoir s'y opposer. Mal commandée et négligeant les conseils de son neveu Eugène de Savoie (qui était au service de l'Empire), l'armée savoyarde fut défaite (10.000 tués, blessés ou prisonniers). Casale tomba aux mains des Français en 1695 et Pignerol en 1696. (FR - AUGS)

1694 (27/5) TER (ESP-Catalogne)

En route vers Gerone (Catalogne), l'armée française de Noailles avec 24.000 h. dut affronter une armée espagnole (de 16 à 24.000 h. mais non expérimentés, sous Ascalona). Elle fut défaite (3.000 tués, blessés ou prisonniers) et Gérone fut prise le 29 juin. Mais la campagne ne fut pas poursuivie. (FR - AUGS)

1695 (2/7 au 1/9) siège de NAMUR II (B):

Les Français avaient pris la ville et sa citadelle en 1692 et l'occupaient avec une garnison de 13.000 h. (ss. Boufflers). Une coalition Hollando-Britannique et Bavaroise encercla la ville à partir du 2 juillet avec une armée de 100.000 h. (ss. Charles-Thomas de Lorraine). Une armée française de renfort de 120.000 h. (ss. Villeroy et le duc de Maine) arriva le 9 août mais fut empêchée d'atteindre Namur. Elle multiplia les batailles de diversion (dont le bombardement de Bruxelles par Villeroy du 13 au 15 août) pour tenter d'affaiblir l'encerclement. Mais l'armée coalisée tint bon malgré des pertes sévères sur les différents théâtres d'opération (12.000 morts). La garnison française, réduite à 5.000 h., se rendit. L'échec de Namur amena Louis XIV à signer la paix (la Paix de Rijswijk, le 30/10/1697), mettant un terme (provisoire) aux visées expansionnistes de la France. (FR-AUGS)

1697 (8/8) siège de BARCELONE II (ESP-Catalogne)

Après l'avoir perdue en 1652, la France revint assiéger Barcelone (du 15/6 au 8/8 1697), avec 30.000 h. ss. Vendôme (et 42 navires sous d'Estrées pour le blocus naval). Les Espagnols leur opposèrent 8 à 11.000 h. sous Velasco (+ 4.000 h. de milices locales). Les Français l'emportèrent (9.000 morts ou blessés contre 12.000 du côté espagnol). Victoire inutile car six semaines après (le 20/9) la France devait signer le traité de Rijswijk où elle perdait toutes ses conquêtes depuis la paix de Nimègue (1679). (FR-ESP) (AUGS)

1697 (12/9) ZENTA (Hongrie):

Battus à Vienne en 1683, les Ottomans furent chassés de Belgrade et d'un grande partie de l'Europe centrale. Mais la guerre de la France contre les Habsbourg, affaiblissant ces derniers, donna l'occasion aux Ottomans de reprendre Belgrade en 1690 et de repartir à l'offensive. L'armée impériale des Habsbourg (ss. Eugène de Savoie) parvint à les intercepter en Hongrie et à leur infliger une très lourde défaite (30.000 morts sur 60.000 hommes du côté ottoman; env. 500 sur 50.000 du côté germano-autrichien). Cette défaite amena l'Empire ottoman à signer la paix de Karlovitz en 1699. (OTT-HABS)

BIBLIOGRAPHIE succincte:

- GRANT, G. (ss.dir), Les 1001 batailles qui ont changé le cours de l'histoire, Flammarion, Paris, 2012, 960 pages (traduit de l'anglais) (54 batailles concernent notre 17°s. et l'espace européen; les notices s'attachent surtout au déroulement des batailles) (avec peintures historiques)

- CHILDS, J., La guerre au 17° siècle, collection Atlas des guerres, éd. Autrement, Paris, 2004 (traduction de l'anglais) (nombreuses illustrations, plans de bataille, cartes)

- Liste des guerres au 17°s., sur Wikipedia (très documentée et avec liens divers)

CHAPITRE 4

LES GRANDS CAPITAINES

Le temps des hordes de Huns est passé. Les armées qui gagnent sont celles qui sont organisées, qui élaborent des plans de bataille réfléchis, partagent les rôles, disposent de corps spécialisés, jonglent avec diverses tactiques, qui ont prévu leur logistique, ... bref des armées commandées par des chefs compétents et non un chef honorifique ou simplement charismatique. Les livres généraux d'histoire continuent d'attribuer les victoires à des rois mais en fait ce sont de plus en plus des techniciens qui sont aux commandes. Les livres plus spécialisés peuvent donner leur nom et décrire leur activité car les batailles donnent lieu à des préparations écrites et à des rapports après bataille qui ont commencé à être archivés, archives très bien tenues et toujours à disposition dans bien des cas.

On trouvera ci-dessous des notices pour une quarantaine parmi les plus importants d'entre eux (mais cette sélection est assez subjective). En tout cas, il s'agit de personnes qui ont eu un commandement et qui ont eu un rôle déterminant dans au moins deux batailles (ou sièges). Leur palmarès est rappelé et remis dans le contexte biographique du personnage en ses éléments estimés pertinents, ainsi que dans le contexte historique de leur action. Au passage, de nombreux autres acteurs et batailles sont cités sans être approfondis.

De quoi se rappeler que ce sont des hommes avec leurs motivations, leur tempérament et leurs points faibles qui ont mené ces combats.

En voici d'abord l'inventaire dans l'ordre alphabétique:

BADE, Louis-G., margrave de	1655 -1707
BANER, Johan G.	1596 - 1641
BREZÉ, Urbain	1597 - 1650
CATINAT, Nicolas	1637 - 1712
CHARLES V, duc de Lorraine	1643 - 1730
CHRISTIAN IV, roi du Danemark	1577 - 1648
CONDÉ, duc d'Enghien, prince de	1621 - 1686
CONTI, prince de	1629 - 1666
CRÉQUI, François de	1624 - 1687
DE WEERT, Jan (van Werth)	1600 -1652
DURAS, Henri de Dufort, duc de	1626 - 1704
DUQUESNE, Abraham	1610 - 1688
EUGENE DE SAVOIE	1663 - 1736
FREDERIC-GUILLAUME de Brandebourg	1620 - 1688
FREDERIC-HENRI, prince d'Orange-Nassau	1584 - 1647
GALLAS, Matthias	1584 - 1647
GUÉBRIANT, Jean-Baptiste Budes, comte de	1602 - 1643
GUILLAUME, prince d'Orange-Nassau	1650 - 1702
GUSTAVE-ADOLPHE, roi de Suède	1594 - 1632
LUXEMBOURG, duc de	1628 - 1695
MANSFELD, Ernst von	1580 - 1626
MAXIMILIEN de BAVIERE	1573 -1651
MERCY, Franz von	1590 - 1645
MONCK, George	1608 - 1670
MONTECUCCOLI, Raimondo	1609 - 1680
MONTMORENCY, Henri II de	1595 - 1632
PAPPENHEIM, Gottfried-Heinrich	1594 - 1632
PICCOLOMINI, Ottavio	1600 - 1656
RUYTER, Michel de	1607 - 1676
SAXE-WEIMAR, Bernard de	1604 - 1639

SPINOLA, Ambrogio, marquis de	1569 - 1630
TILLY, Jean 't Serclaes, comte de	1559 - 1632
TORTENSSON, Lennart	1605 -1651
TOURVILLE, Anne-H, comte de	1642 - 1701
TROMP, Martin	1597 - 1653
TURENNE, Henri, vicomte de	1611 - 1675
VAUBAN, Sébastien	1633 - 1707
WALDECK, Georges-Frédéric	1620 - 1692
WALLENSTEIN, Albrecht von	1583 - 1634
WRANGEL, Carl Gustav	1613 -1676

BADE, Louis-Guillaume, margrave de 1655 -1707

Originaire d'Allemagne du Sud (le Bade), chef militaire dans l'armée des Habsbourg, il remporta des victoires sur les Ottomans à Mohacs (Hongrie) le 12/8/1687, à Nis (Serbie) le 24/9/1689 et à Slankamen (Serbie) le 16/8/1691. Il en fut surnommé "Türken Louis". Suite à l'occupation du Palatinat par l'armée française (1688), Louis de Bade organisa la résistance à partir de 1693. La France perdit le Palatinat à la Paix de Rijswijk (1697).

BANER, Johan Gustafsson 1596 - 1641

Suédois, général dans l'armée du roi Gustave-Adolphe.

A la mort de ce dernier lors de la bataille de Lützen le 16/11/1632, dans le cadre de la guerre de Trente Ans, il prit le commandement de l'armée suédoise en Allemagne. Il remporta sur les Saxons la bataille de Chemnitz en 1639 et conquit la Bohême et la Silésie. Il reçut le surnom de "second Gustave".

BRÉZÉ, Urbain 1597 - 1650

Beau-frère de Richelieu, il participa au siège de La Rochelle en 1627-28 (contre les Huguenots retranchés dans la ville portuaire) . Il fut ensuite envoyé dans le Piémont (en 1630) pour en assurer l'ancrage français (contre les Habsbourg). Il mena une campagne victorieuse en

Rhénanie en 1635 et gagna une bataille aux Avins (B-près de Liège) le 20 mai 1635 mais échoua au siège de Louvain le 4 juillet 1635. Il fut militaire mais aussi diplomate. Richelieu l'envoya en mission diplomatique en Hollande et auprès du roi Gustave-Adolphe de Suède pour préparer l'entrée de la France dans la guerre de Trente Ans.

CATINAT, Nicolas 1637 - 1712

Il fut formé sous Turenne (mort en 1675). Il intervint dans le cadre de la guerre de Dévolution (France contre les Pays-Bas espagnols): Lille (1667), Maestricht (1673) et dans le cadre de la guerre contre l'Allemagne: Philippsburg (dans le Bade, en 1678). A partir de 1690, il prit part aux campagnes contre le duc Victor-Amédée II de Savoie (qui offrait à ce moment un soutien indirect aux Habsbourg d'Espagne et d'Autriche): Staffarde (1690), Nice (1691), La Marsaille (1693) et obtint son ralliement à la France en 1696 (par le traité de Turin, 1696), permettant ainsi d'ouvrir les négociations qui aboutirent à l'importante Paix de Rijswijk (1697). Il fut fait maréchal de France.

CHARLES V, duc de Lorraine 1643 - 1730

Beau-frère de l'empereur Léopold I du Saint Empire germanique, il se mit à son service dès 1664. Il libéra Vienne assiégée par les Ottomans en gagnant le bataille de Kahlenberg le 12/9/1683 (avec le roi Jean III Sobieski de Pologne). Il prit Buda en 1686 et remporta la grande victoire de Mohacs (Hongrie, le 12/8/1687).

CHRISTIAN IV de DANEMARK 1577- 1648

Roi du Danemark et de la Norvège, de mère allemande (du duché de Mecklembourg). Entré en 1625 dans la guerre de Trente Ans comme chef de la ligue protestante, il fut battu par l'armée impériale de Tilly à Lütter (au Sud du Danemark) le 26/8/1626 et dut signer l'humiliante paix de Lübeck (1629). Il mena ensuite une malheureuse guerre contre la Suède (1643-45) pour le contrôle de la Baltique. Dans ce contexte, il eut le soutien de la Hollande, également intéressée à empêcher un contrôle suédois de ce commerce maritime très actif (ancienne Ligue hanséatique).

CONDÉ, Louis de, duc d'Enghien, dit le Grand Condé 1621 -1686

Apparenté à Richelieu par son mariage avec la nièce de celui-ci, il reçut, à 22 ans, le commandement d'une armée destinée à arrêter une offensive espagnole contre la France (suite à la mort de Richelieu) à partir des Pays-Bas. Il remporta la bataille de Rocroi (19/5/1643).

Il fut ensuite envoyé sur le Rhin avec Turenne et ils battirent le général bavarois Mercy aux batailles de Fribourg (3-4/8/1644) et ensuite de Nördlingen II (3/8/1645) où Mercy trouva la mort.

De retour sur le théâtre des Pays-Bas espagnols, Condé s'empara de Dunkerque en 1646 (que la France perdra en 1652 mais reprendra en 1658 pour la céder à l'Angleterre jusqu'en 1662). Il combattit encore les Espagnols en Espagne même (échec du siège de Lérida en 1647) et à nouveau dans les Pays-Bas espagnols (victoire à Lens du 20/8/1648), hâtant la conclusion des traités de Westphalie (8/9/1648).

Suite à son conflit avec Turenne dans le cadre de la Fronde (troubles civils en France de 1648 à 1653), Condé passa "à l'ennemi", au service de l'Espagne, et remporta sur les Français la victoire de Valenciennes (16/7/1656). Il tenta vainement de dissuader le commandement espagnol de livrer la bataille des Dunes (entre Dunkerque et Furnes, le 14/6/1658), où Turenne l'emporta.

Après s'être réconcilié avec Louis XIV, il fut rappelé à un commandement en 1668. Il conquit la Franche-Comté (possession des Habsbourg d'Espagne) en trois semaines. Il se signala dans la guerre contre la République de Hollande et battit le prince d'Orange à Seneffe (Belgique-Hainaut) le 11/8/1674.

Ayant pris la relève de Turenne, décédé lors de la bataille de Sasbach le 27/7/1675 en Alsace, il obligea Montecucolli à lever le siège de Hagenau et de Saverne.

Il se retira à Chantilly et devint protecteur des Arts et des Lettres (Boileau, Racine, ...). Bossuet prononça son éloge funèbre.

CRÉQUI, François de 1624 - 1687

Il s'illustra à partir de 1667 contre l'armée espagnole des Pays-Bas (guerre de Dévolution 1667-68) et contre les Impériaux en Alsace. En 1677, il reconquit le fief habsbourgeois de Fribourg-en-Brisgau qui avait été conquis par Condé et Turenne en 1644 mais repris entre-temps par la Bavière. Il battit Starhemberg à la bataille de Rheinfeld en Lorraine le 6/7/1678. Avec Vauban, il assiégea et prit la ville de Luxembourg du 29/4 au 3/6/1684. Il fut fait maréchal de France.

DE WEERT, Jan / de WERTH 1584 -1652

Originaire du Limbourg (B), il s'engagea dès 16 ans dans les troupes du Brabançon Tilly. Il s'illustra lors de la bataille de Nördlingen de 1634. Il arriva à point nommé avec des renforts croates pour faire lever le siège de Louvain en juillet 1635. Il commanda les troupes qui envahirent la Picardie et s'approchèrent de Paris (Corbie 1636).

En 1638, il fut vaincu à Rheinfeld et fait prisonnier par Bernard de Saxe-Weimar. Libéré en 1642, il seconda le Luxembourgeois von Mercy et fit des prodiges à ses côtés aux batailles de Tüttlingen en 1643, de Fribourg l'année suivante, de Marienthal et surtout de Nördlingen II en 1645, où Mercy fut tué.

DUQUESNE, Abraham 1610 - 1688

Il entra dans la Marine Royale comme lieutenant de son père en 1627. Capitaine de vaisseau lui-même en 1635, il se distingua dans la prise de l'île de Lérins (une base navale espagnole à ce moment-là, escale entre l'Espagne et le port de Gênes en Italie). Il contribua à la victoire navale de Getaria (un port basque de transport de troupes espagnoles vers la Flandre) en 1638 et à celle de Carthagène (côte espagnole méditerranéenne) en 1643. Pendant la minorité de Louis XIV, il prit du service dans la marine suédoise (alliée de la France dans la guerre de Trente Ans) sous les ordres de Tortensson et ensuite de Wrangel, contre le Danemark. Revenu en France en 1645, il fut envoyé avec une flotte pour aider les Vénitiens à briser le blocus ottoman de Candie (en Crète) en 1669 mais il arriva trop tard. Il prit part, dans une alliance anglo-française, à la bataille navale de Solebay contre la

Hollande en 1672 et à celle de Texel en 1673. En 1676, il fut envoyé en Sicile pour soutenir les Espagnols contre les Hollandais (batailles d'Agosta et de Palerme en 1676). Mais, dans ces batailles contre la Hollande, sa contribution ne fut pas glorieuse (peut-être du fait qu'il était lui-même Huguenot). Il resta en Méditerranée, en Egée ou en Adriatique pour poursuivre, avec succès, les pirates (Chios 1681, Alger 1682, Gênes 1684). A sa mort en 1688, Tourville lui succéda comme amiral de France.

DURAS, Henri de Durfort, duc de 1626 - 1704

Il servit d'abord sous Turenne, son oncle maternel, mais suivit Condé dans la querelle de la Fronde en 1651. Comme Condé, il se réconcilia avec le roi (en 1657) et contribua grandement, aux côtés de Condé, à la conquête de la Franche-Comté (possession des Habsbourg) en 1668. Il fut fait maréchal de France.

EUGENE DE SAVOIE-CARIGNAN 1663 - 1736

Sa mère était une nièce de Mazarin et il fut élevé à la Cour de Versailles. Mais, tenu à l'écart par Louis XIV, il se mit au service des Habsbourg d'Autriche. Il fit ses premières armes au siège de Vienne (1683) sous Charles V de Lorraine. Jusqu'en 1688, dans le cadre de la Sainte Ligue (l'Empire germanique, la Pologne, Venise, la papauté), il enchaîna les combats contre les Ottomans en Europe centrale: Buda en 1684 et 86, Mohacs en 1687 et Belgrade en 1688.

De 1688 à 1697, il guerroya dans le cadre de la Ligue d'Augsbourg (coalition anti-française menée par Guillaume III d'Orange et les Hollandais, avec Léopold du Saint Empire, de nombreux princes allemands tant protestants que catholiques, l'Espagne, ...). Eugène, cousin de Victor-Amédée II de Savoie, oeuvra à le rallier à la Ligue. La Savoie représentait un enjeu stratégique dans la mesure où les troupes espagnoles, débarquant à Gênes, passaient par le Piémont (rattachée à la Savoie depuis 1418) et par la Savoie proprement dite pour rejoindre le front des Flandres. Louis XIV réagit en ordonnant au maréchal Catinat d'envahir la Savoie et le Piémont. Victor-Amédée riposta (bataille de Staffarda du 18/8/1690, siège de Pignerol et bataille de Marsaglia le

4/10/1693) mais fut défait à cause de ses troupes mal aguerries et indisciplinées et à cause de son inexpérience personnelle. Eugène lui vint héroïquement en aide et put limiter les dégâts. Il s'était même permis une invasion du Dauphiné et de la Provence pour faire diversion. L'affaire se termina par un pacte de neutralité par lequel la Savoie se retirait de la Ligue d'Augsbourg et la France reconnaissait son indépendance (traité de Turin, 20/8/1696).

Après cet épisode piémontais, Eugène, à la tête de l'armée impériale, remporta une éblouissante victoire sur les Ottomans à Zenta (Hongrie) le 12/9/1697, ce qui amena l'empire ottoman à signer la paix de Karlovitz de 26/1/1699. Le reste des exploits du "prince Eugène" relève du 18°s.

FREDERIC-GUILLAUME de Brandebourg 1620 - 1688

Il était apparenté à Guillaume III d'Orange-Nassau et calviniste convaincu (alors que les autres princes protestants d'Allemagne étaient généralement luthériens). Il passa de nombreuses années en Hollande (dont des études à l'université de Leiden), mis volontairement à l'abri durant la guerre de Trente Ans. Il hérita du duché en 1640, avant la fin de cette guerre. Il le trouva dévasté, occupé (par les Suédois) et sous suzeraineté polonaise. Il conclut un armistice avec les Suédois (qui évacuèrent le Brandebourg) et épousa la fille aînée de Frédéric-Henri d'Orange-Nassau, militaire de valeur et excellent administrateur. Il suivit d'ailleurs en tout son exemple. Avec les Suédois, il entreprit l'invasion de la Pologne (bataille de Varsovie du 30/7/1656) mais rétablit des relations neutres avec elle. Malgré que la France soit intervenue de manière décisive (depuis 1635) dans la guerre de Trente Ans en faveur des princes allemands protestants contre le Saint Empire, Frédéric-Guillaume commença à être agacé par l'ingérence de la France dans les affaires allemandes. Etant de plus lié personnellement à la Hollande, il intervint dans la guerre de Hollande (1672-78) contre Turenne en Westphalie. Il rejoignit même la Ligue d'Augsbourg (avec le Saint Empire catholique donc !) et participa à la bataille de Turckheim en Alsace (5/1/1675) mais sans vaincre Turenne. La diplomatie française suggéra à la Suède d'en profiter pour réoccuper le Brandebourg. Frédéric-Guillaume dut remonter à marche forcée dans son duché pour le défendre (bataille de Fehrbellin du 25/6/1675). Il y battit les Suédois. Avec son armée aguerrie et mieux organisée, il fit passer ses possessions de 33.000 km² à 112.000 km². Il accueillit à bras ouverts les Huguenots (calvinistes) français exilés par la révocation de l'Edit de Nantes (18/10/1685). Ceux-ci contribuèrent grandement à la relance économique de la Prusse (dont le Brandebourg était le noyau). Il fut le père de Frédéric I°, roi de Prusse à partir de 1701.

FREDERIC-HENRI, prince d'Orange-Nassau 1584 - 1647

Fils de Guillaume le Taciturne et de Louise de Coligny, Frédéric-Henri était le demi-frère du stathouder Maurice d'Orange-Nassau. A la mort de ce dernier en 1625, il reçut à son tour la charge de stathouder. Homme politique remarquable, militaire de valeur, il remporta de magnifiques succès dans le Sud des Provinces-Unies, libérant 's Hertogenbosch et Maestricht de l'emprise espagnole. Il développa l'empire colonial hollandais (Indes, Brésil, Curaçao, Antilles).

GALLAS, Matthias, 1584 - 1647

Originaire de Trente (Italie), il servit dans l'armée impériale en Piémont, puis en Allemagne, où il seconda Tilly. Après la mort de ce dernier, Wallenstein lui confia le commandement d'une armée qui combattit Gustave-Adolphe de Suède et Bernard de Saxe-Weimar (1631-33). Avec Ottavio Piccolomini, il fut le principal artisan de la disgrâce de Wallenstein (efficace mais ayant des ambitions personnelles). Après l'assassinat de ce dernier, il reçut le commandement des forces impériales d'Allemagne et affronta avec succès les Suédois à Nördlingen (6/9/1634). Mais par après, il n'essuya plus que des revers face à Wrangel, Banèr et Tortensson.

GUÉBRIANT, Jean-Baptiste Budes, comte de 1602 -1643

Il était d'origine bretonne. Il avait reçu mission de Richelieu de seconder en 1635 les troupes de Bernard de Saxe-Weimar. A la mort de ce dernier en 1639, Guébriant lui succéda. Ayant pénétré en Hesse du Sud en 1640, il opéra sa jonction avec les Suédois de Banèr, puis ceux de Tortensson. S'étant rendu maître du duché de Brunswick, il remporta sur les Impériaux la victoire de Wolfenbüttel en Basse-Saxe le 29/6/1641, puis celle de Kempen en Rhénanie le 17/1/1642, emportant une centaine d'étendards. Récompensé du titre de maréchal, il succomba l'année suivante d'une grave blessure reçue devant Rottweil.

GUILLAUME III, prince d'Orange 1650 - 1702

Fils posthume de Guillaume II de Nassau (d'origine allemande) et, par sa mère, Henriette Marie Stuart, petit-fils de Charles I° d'Angleterre.

Suite à l'invasion des Provinces-Unies (Pays-Bas du Nord) par la France en 1672, il fut élu stathouder (gouverneur) des Provinces-Unies (en juillet 1672) et prit la tête d'une coalition inédite réunissant des Impériaux (Habsbourg d'Autriche) et des combattants des Pays-Bas espagnols (Habsbourg d'Espagne) contre l'avancée française. Il affronta Condé à Seneffe (Belgique-Hainaut) le 11/8/1674 (plus de 110.000 h engagés, 25.000 morts). L'issue en fut indécise mais Guillaume y dévoila ses qualités de grand militaire. Il fut battu à la bataille de Cassel (11/4/1677) et à celle de Mons (14/8/1678). Il accepta le Traité de Nimègue (17/9/1678) (qui cédait ces places à la France mais consacrait la pleine indépendance des Provinces-Unies) mais continua une lutte acharnée contre l'expansion française. En 1686, il fut le principal artisan de la formation de la Ligue d'Augsbourg (coalition de tous les Etats protestants contre la France). Dans ce cadre, il affronta le maréchal de Luxembourg à Steenkerke (orthographié Steinkerque dans la documentation française, Belgique-Hainaut) le 3/8/1692, autre bataille terrible (160.000 hommes engagés, 17.000 morts) mais non décisive. Un an après, il affronta à nouveau le maréchal Luxembourg, cette fois à Neerwinden (Belgique-Brabant) le 29/7/1693 (135.000 hommes engagés, 28.000 morts), avec un certain avantage pour la France.

Entre-temps, soutenant les Parlementaristes anglais contre Jacques II (dont il avait épousé la soeur en 1677), il s'était fait reconnaître roi d'Angleterre au prix de concessions au parlementarisme (le "glorieuse révolution" de 1688). Jacques II, en exil en France, fut évidemment soutenu par Louis XIV qui tenta un débarquement en Irlande pour aider Jacques II à reconquérir l'Angleterre. Ce furent les batailles navales de Bantry (Irlande) le 11/5/1689, de Béveziers / Beachy Head (GB-île de Wight) le 10/7/1690, de Barfleur et de La Hougue (F) du

29/5 au 5/6/1692. Ces batailles marquèrent finalement le déclin de la flotte française et la suprématie de l'Angleterre sur le trafic maritime dans la Manche. Par le Traité de Rijswijk (et non Ryswik !, 20/7 et 30/10/1697), la France le reconnut comme roi d'Angleterre. Il préparait une nouvelle guerre contre la France (la guerre de Succession d'Espagne) lorsqu'il mourut, en 1702, des suites d'une chute de cheval.

GUSTAVE II ADOLPHE, roi de Suède 1594 - 1632 (r.1611-1632)

Avant d'accéder au trône, il avait pris une part active à la guerre contre le Danemark, pays avec lequel la Suède était en lutte pour le contrôle de la Baltique. Ayant succédé à son père Charles IX, et bien conseillé par le chancelier Axel Oxenstierna, il s'assura d'abord de la stabilité intérieure de son pays et fit (temporairement) la paix avec le Danemark (traité de Knärend, 1613). Il développa l'industrie du fer, mit au point des innovations techniques dans l'armement (invention de la cartouche), en tactique (ligne étirée au lieu de la phalange compacte) et réorganisa l'armée (recrutement populaire et solde assurée). Il reprit alors la lutte pour contrôler les ports (c-à-d taxer le trafic maritime des marchandises) de tous les pays riverains de la Baltique (Estonie, Lettonie, Lituanie, Pologne, Allemagne du Nord, Danemark et même la côte russe du golfe de Finlande). Après la Carélie (frontière terrestre russo-finlandaise) et l'Ingrie (partie russe du golfe de Finlande) conquises en 1617, la Suède, qui avait déjà arraché l'Estonie au Danemark, s'empara de la Livonie (des parties de l'Estonie et de la Lettonie actuelles, qui était devenues polonaises après la période teutonique, et qui furent officiellement annexées à la Suède par le traité d'Altmark en 1629). La Courlande (Lituanie actuelle) restait encore lituano-polonaise. Mais le port polonais de Gdansk fut une de ses cibles suivantes (bataille de Dirschau, 17-18/8/1627).

Continuant sa progression le long de la côte baltique, Gustave-Adolphe débarqua des troupes en Poméranie (Allemagne du Nord-Est), à Usedom (embouchure de l'Oder) le 6 juillet 1630 et n'eut aucune peine à remonter le fleuve jusqu'à Francfort-sur-l'Oder mais là il rencontra la résistance des 3.000 h. de la garnison impériale de la ville. Toute la garnison fut massacrée (bataille du 3 avril 1631) ainsi que de nombreux habitants.

Les princes allemands protestants désireux de se défaire de la tutelle de l'empereur allemand catholique (de la Maison des Habsbourg) trouvèrent tout à coup en Gustave-Adolphe un allié. Sans oublier ses objectifs baltiques, celui-ci s'engagea dès lors pleinement pour la cause protestante (luthérienne) en Allemagne. Ce fut un tournant dans la guerre de Trente Ans (commencée en 1618) car le début de son internationalisation. De son côté, la très catholique France de Richelieu accorda d'importants subsides au très luthérien Gustave-Adolphe pour financer son effort de guerre (traité franco-suédois de Bärwald du 23/1/1631) contre les très catholiques troupes impériales des Habsbourg.

Non loin de là, mais sur l'Elbe (débouchant à Hambourg), à Magdebourg, place forte protestante, des troupes germano-suédoises durent affronter des troupes impériales (sous la conduite du brabançon Tilly) qui firent le siège de la ville pendant 7 mois (nov.1630 - 20/5/1631). La prise de la ville donna lieu à un massacre de protestants (15.000 habitants sur 20.000).

Plus au Sud, en Saxe (Leipzig), des troupes germaniques (dont 18.000 Saxons) et suédoises (24.000 h.) livrèrent bataille aux troupes impériales (31.000 h. sous la conduite de Tilly) à Breitenfeld I le 17/9/1631. Ce fut une défaite pour Tilly. Celui-ci prit ses quartiers d'hiver près de la Bavière. Gustave-Adolphe pénétra en Thuringe (Erfurt) et, poussant jusqu'au Rhin, prit les villes de Francfort-sur-le Main (le 17/11/31), Worms (le 7/12) et Mayence (le 12/12). A Noël 1631, la Suède dominait la moitié de l'Allemagne.

Au début de la campagne suivante, et encore plus au Sud, en Bavière même, Gustave-Adolphe provoqua Tilly à Rain-am-Lech (le 5/4/1632). La bataille (59.500 h engagés), sans être décisive, tourna à l'avantage de Gustave-Adolphe. Tilly y fut blessé et décèdera peu après.

Ayant perdu son meilleur général, l'empereur refit appel à Wallenstein (un chef militaire indépendant de Bohême). Celui-ci leva rapidement une armée et entra par la Saxe. Gustave-Adolphe s'empressa de remonter vers la Saxe pour lui faire barrage. L'affrontement eut lieu à Lützen (le 16/11/1632). La bataille fut longtemps indécise (42.000 h engagés, 12.000 morts). Vers la fin de celle-ci, Gustave-Adolphe fut mortellement blessé (il avait 38 ans) mais son lieutenant Bernard de Saxe-Weimar prit la relève et l'issue tourna finalement à l'avantage des Suédois.

LUXEMBOURG, François-Henri de Montmorency-Bouteville, duc de
Maréchal de France en 1675. 1628 - 1695

Il fut d'abord aide de camp de Condé. Il se distingua auprès de lui en Flandre et fut fait maréchal de camp après la victoire de Lens en 1648. Il avait 20 ans. Il prit part à la Fronde (troubles civils en France de 1648 à 1653) aux côtés de Condé et, avec lui, passa dans le camp espagnol. Il combattit dans leurs rangs aux batailles d'Arras en 1654 et des Dunes (entre Dunkerque et Furnes) en 1658. Suite au Traité des Pyrénées (1659), il put réintégrer l'armée française en même temps que Condé.

Par l'entremise de Condé encore, il épousa en mars 1661 l'héritière de la maison de Luxembourg (dont il prit le nom). Avec Condé toujours, il conquit la Franche-Comté (qui était restée un fief des Habsbourg d'Espagne), en 1668 (mais ne devint officiellement française que par le Traité de Nimègue en 1678).

Dans le cadre de la guerre de Hollande (de la France contre la Hollande, de 1672 à 1678), il prit part à la bataille de Seneffe (B-Hainaut) le 11/8/1674 avec Condé, contre Guillaume d'Orange. Grâce à Vauban, il s'empara de Valenciennes en 1677. Avec Philippe d'Orléans, frère de Louis XIV, il battit encore Guillaume d'Orange à Cassel le 11/4/1677. Il le battit une nouvelle fois à St Denis lez Mons (B-Hainaut) le 24/8/78, mettant la France en position très avantageuse pour la conclusion du Traité de Nimègue.

Après une brouille avec Louvois ("ministre" de la guerre de Louis XIV), il fut remis à la tête des armées et gagna la bataille de Fleurus (B-Hainaut) le 1/7/1690 contre Waldeck de l'armée impériale. Il participa au siège de Namur du 25/5 au 30/6/1692 avec Vauban et d'autres maréchaux. Quelques semaines plus tard, contre Guillaume d'Orange, il gagna la bataille de Steenkerke (B-Hainaut) le 3/8/1692 et celle de Neerwinden (B-Brabant) le 29/7/1693. Il fut surnommé "le tapissier de Notre-Dame" pour les nombreux trophées rapportés de ses dernières campagnes et décorant la cathédrale de Paris. Il décéda en 1695.

MANSFELD, Ernst von 1580 - 1626

Originaire de Bohême, il fut parmi les derniers entrepreneurs militaires privés (derniers des "condottiere" de la Renaissance).

Après avoir servi l'empereur (catholique) du Saint Empire germanique en Hongrie, il ne put rentrer en possession des biens paternels qui lui avaient été promis et, furieux, passa du côté des princes protestants de l'Union Evangélique en 1610. A la tête des révoltés de Bohême, il apporta son aide à l'Electeur palatin Frédéric V (1618-19) mais, après la défaite de la Montagne Blanche (près de Prague) le 8/11/1620, il dut se replier dans le Haut-Palatinat.

Il y battit Tilly à Wiesloch le 27/4/1622, ravagea l'Alsace, attaqua et défit les Bavarois et les Hessois, alliés de l'Empereur, puis passa dans les Pays-Bas où, allié à Christian de Brunswick, il battit l'Espagnol Cordova à Fleurus I (B-Hainaut) à la bataille du 28/8/1622.

Après un bref répit, il reprit du service en 1624, à la demande de la France et, menant une troupe de 12.000 aventuriers, il pénétra en Allemagne mais fut battu par Wallenstein (également originaire de Bohême mais qui était repassé au catholicisme) à Dessau (D-Saxe) le 25/4/1626. Il licencia alors son armée et gagna la Transylvanie (Roumanie du Nord), où il reprit les armes contre les Austro-Hongrois. Il voulut encore se mettre au service de Richelieu mais décéda subitement.

MAXIMILIEN de BAVIèRE 1573 - 1651

Il créa la Ligue catholique le 10/7/1609 pour s'opposer à l'Union évangélique sous l'égide de l'Electeur palatin Frédéric IV. Ses soldats prirent une part importante à la victoire de la Montagne Blanche sur les Tchèques en 1620. Ses contingents soutinrent avec vigueur les forces impériales sur tous les champs de bataille de la guerre de Trente Ans. En récompense, l'empereur Ferdinand lui conféra la dignité d'Electeur et lui permit d'annexer le Palatinat.

Mais il ne fut pas toujours gagnant. Il fut battu par Gustave-Adolphe à Breitenfeld I (Saxe) le 17/9/1631, Rain-am-Lech (Bavière) le 5/4/1632 et à Zusmarshausen (Bavière) le 17/5/1648, par Turenne et Wrangel. Le souverain bavarois conserva cependant ses avantages lors des négociations du traité de Westphalie (publié le 24/10/1648)

MERCY, Franz von 1590 - 1645

Luxembourgeois (et non Bavarois), il se mit au service de l'armée d'Empire et en prit le commandement à partir de 1631. Il entra plus spécifiquement au service de la Bavière en 1638. Il chassa les Suédois de Franconie, battit les Français à Tüttlingen le 25/11/1643, fut battu par Condé et Turenne à Friburg-en-Brisgau les 3-5/8/1644 mais remporta sur Turenne la victoire de Mergentheim / Marienthal (1645). Il fut tué au cours de la bataille de Nördlingen II du 3/8/1645.

MONCK, George 1608 - 1670

Chef militaire et homme politique anglais. Soldat de fortune, il prit part aux expéditions de Cadix et de La Rochelle (1625/27), en soutien à Richelieu. Il servit ensuite pendant neuf ans dans l'armée des Provinces-Unies (la Hollande). Il commanda alors un régiment contre les rebelles d'Irlande (1642/43). Ayant d'abord pris parti pour Charles I°, qui lui donna le commandement de la brigade irlandaise, il fut fait prisonnier et enfermé à la Tour de Londres (1644-46) et fut forcé, pour obtenir sa liberté de se rallier aux Parlementaires. Il servit alors loyalement Cromwell et assura la soumission de l'Ecosse (1651).

Dans le cadre de la 1° guerre anglo-néerlandaise pour le contrôle de la Manche, il emporta une grande victoire navale (Gabbard Bank, 208 navires engagés, 12-13/6/1653) contre l'amiral hollandais Tromp.

De nouveau envoyé en Ecosse comme gouverneur (1654/59), il profita de la confusion qui suivit la mort de Cromwell pour entrer en Angleterre à la tête de son armée. Il occupa Londres sans coup férir (fév.1660). Devenu le maître absolu de la situation, il se rendit compte de l'aspiration profonde du peuple anglais, qui correspondait d'ailleurs à ses propres vues, il assura la restauration des Stuarts (mai 1660).

Il commanda encore la flotte anglaise lors d'une bataille de quatre jours au large de Dunkerque (1-4/6/1666, 163 navires engagés) contre de Ruyter des Provinces-Unies. Il mourut avant la bataille navale suivante de Solebay (1672).

MONTECUCCOLI, Raimondo (1609 - 1680)

Chef militaire italien. Entré au service de l'empereur, il se distingua pendant la guerre de Trente Ans, notamment à Breitenfeld et à Nördlingen. Il remporta une grande victoire sur les Ottomans (St Gothard, en Hongrie, le 1/8/1664). Il commanda, sur le Rhin, contre Turenne (1672/75) et fut fait prince d'Empire en 1679. Il rédigea des manuels militaires: Delle battaglie; Trattato de la guerra; Dell'arte militare; Aforismi dell'arte bellica.

MONTMORENCY, Henri II de, (1595-1632)

Filleul du roi de France d'Henri IV, dernier duc de Montmorency, Nommé amiral de France à l'âge de 17 ans (1612), il fut, comme les autres ducs de Montmorency, gouverneur du Languedoc (1614). Il lutta énergiquement contre les protestants de cette province. Il se distingua aux sièges de Montauban et de Montpellier (1622), et conquit les îles de Rée et d'Oléron (1625).

Il remporta de nouveaux succès dans le Piémont et fut fait maréchal de France (1630). Cependant, mécontent de n'avoir pas obtenu le titre de connétable, il conspira avec Gaston d'Orléans (3° fils d'Henri IV et frère de Louis XIII) contre Richelieu. Emprisonné et condamné à mort, il fut exécuté en 1632 malgré sa position et les recours en sa faveur.

PAPPENHEIM, Gottfried-Heinrich (1594 - 1632)

Il se distingua lors de la bataille de la Montagne-Blanche (1620) au début de la guerre de Trente Ans. Il y fut grièvement blessé et laissé pour mort mais, bien soigné, il se rétablit complètement. L'empereur Ferdinand II lui confia en 1623 un régiment de cuirassiers qui devint le légendaire "régiment Pappenheim". Il s'empara de la forteresse de Wolfenbüttel (au Nord de l'Allemagne) en 1627. Il prit part au siège de Magdebourg, aux côtés de Tilly, en mai 1631. Ayant surpris une armée suédoise en Saxe, il s'avisa de l'attaquer sans attendre les renforts de Tilly, ce qui fut la cause de sa défaite (Breitenfeld I, en septembre 1631). L'année suivante, Wallenstein, mis en difficulté lors de la bataille de

Lützen (16/11/1632), fit appel à lui. Il arriva à temps pour dégager les troupes de Wallenstein mais fut lui-même mortellement blessé.

PICCOLOMINI, Ottavio (1599-1656)

D'une famille noble de Sienne et arrière petit-fils d'une soeur du pape Pie II. Il entra au service des Habsbourg d'Espagne en 1616 et combattit en Lombardie (alors possession espagnole).

Il prit part, du côté des Habsbourg d'Autriche, à la bataille de la Montagne Blanche (près de Prague, le 8/11/1620), point de départ de la guerre de Trente Ans. Devenu l'un des principaux lieutenants de Wallenstein, il commanda la cavalerie à Lützen (16/11/1632). Il dénonça Wallenstein à l'empereur pour ses projets (de devenir roi de Bohême). Wallenstein fut exécuté peu après. Piccolomini reçut une partie de ses domaines. Il commanda encore une aile de l'armée impériale à Nördlingen I (1634).

Il envahit la Picardie (1636), battit les Français à Thionville (1639).

A nouveau dans le cadre de la guerre de Trente Ans, il participa à la bataille de Breitenfeld II (2/11/1642, 46.000 h. engagés) qui fut remportée par le Suédois Tortensson.

Il participa comme délégué plénipotentiaire de l'empereur aux négociations de paix de Nuremberg (1649/50) et fut fait prince d'empire en 1650.

RUYTER, Michel de, (1607-1676)

Amiral de la flotte hollandaise. Mousse à l'âge de 11 ans, capitaine à 28 ans, il reçut le commandement d'une escadre, sous les ordres de Tromp, lors de la 1° guerre anglo-hollandaise (1652-54) pour le contrôle de la Manche. Dans le cadre de la guerre suédo-hollandaise et allié au Danemark (ennemi de la Suède pour le contrôle de la Baltique), de Ruyter battit à deux reprises la flotte suédoise (1659) et fut anobli par le roi du Danemark.

Lors de la 2° guerre anglo-hollandaise (1665-67), il vainquit Monck et le prince Rupert (petit-fils de Jacques I° d'Angleterre) après un combat naval de quatre jours au large de Dunkerque (1-4/6/1666). L'année suivante, il remonta la Tamise, semant la panique à Londres (juin 1667).

Dans le cadre de la 3° guerre anglo-néerlandaise (1672-74), de Ruyter battit une flotte franco-anglaise (ces deux pays, ennemis, s'étant alliés temporairement contre la Hollande), à Solebay (le 7/6/1672, 168 navires engagés). Il livra la dernière bataille de cette guerre au large de Texel (II) le 21/8/1673, sans pertes. Ce relatif échec franco-anglais contre la Hollande mit fin à leur alliance.

La guerre franco-néerlandaise étant devenue la priorité, de Ruyter passa en Méditerranée en fin 1675 pour se porter à l'aide des Espagnols (ses anciens ennemis) menacés par les Français (ses ennemis plus grands encore). Il fut mortellement blessé lors de la bataille navale d'Agosta au large de la Sicile (22/4/1676).

SAXE-WEIMAR, Bernard de, 1604 - 1639

Il fut l'un des principaux chefs militaires du parti protestant durant la guerre de Trente Ans. Il avait rejoint les rangs de Gustave-Adolphe. Il lui succéda à la tête de l'armée germano-suédoise après le décès du roi à la bataille de Lützen en 1632. Il s'empara de la Bavière et de la Souabe mais fut battu à Nördlingen (6/9/1634).

En octobre 1635, il entra au service de Richelieu (toujours intéressé à affaiblir les Habsbourg). Il se distingua par sa victoire sur les Impériaux à Rheinfeld (3/3/1638, ville suisse depuis 1803). Puis il s'empara de toute la vallée du Rhin moyen en enlevant d'assaut la forteresse de Breisach (1638), puis en occupant Freiburg-im-Brisgau, fief habsbourgeois. La mort le frappa à Neubourg (de fièvre ou empoisonné), alors qu'il se trouvait au faîte de la gloire militaire. Richelieu, qui redoutait déjà cet allié, s'empressa de placer à la tête de ses mercenaires le fidèle maréchal de Guébriant.

SPINOLA, Ambrogio, marquis de (1569 - 1630)

Originaire de Gênes (sous souveraineté espagnole à ce moment-là), il entra au service des Habsbourg d'Espagne et leva une armée de 9.000 h. à ses propres frais (comme les *condottiere* de la Renaissance). En mai 1602, il se dirigea vers les Pays-Bas pour aider l'archiduc Albert qui peinait à prendre la ville d'Ostende (dernier bastion calviniste en Flandre) depuis plus de deux ans. Il réussit à enlever la place le 22/9/1604. Mail il ne réussit pas à remporter d'autres succès décisifs contre Maurice Nassau à ce moment-là, ce qui contraignit l'Espagne à signer la trêve de Douze Ans (1609-21) avec la Hollande. Celle-ci fut respectée. A la reprise de cette guerre, il fut nommé général des troupes espagnoles aux Pays-Bas (1621). Après un siège de près d'un an, il réussit à s'emparer de Breda le 5/6/1625, reddition immortalisée par Velazquez.

En 1629, il fut envoyé au secours du duc de Savoie (Charles-Emmanuel I), allié de l'Espagne à ce moment-là, contre les Français qui avaient envahi ses territoires. Il prit Casale-Monteferraro (place forte commandant la vallée du Pô) pour la rendre à la Savoie (elle fut reprise par les Français en 1640).

TILLY, Jean 't Serclaes, comte de (1559 - 1632)

D'origine brabançonne (Belgique), il se mit au service de l'empereur. Il se distingua en Hongrie contre les Ottomans et fut fait maréchal en 1605. Son action fut décisive lors de la bataille de la Montagne Blanche où fut écrasé le soulèvement de la Bohême (8/11/1620). Il conquit ensuite le Palatinat rhénan, battit les protestants à Wimpfen (6/5/1622) et à Höchts (20/6/1622), puis le roi Christian IV de Danemark à Lütter (27/8/1626). L'empereur Ferdinand II le désigna en 1630 pour succéder à Wallerstein comme général en chef des troupes impériales. Il prit et laissa saccager Magdebourg (20/5/1631) mais fut battu par Gustave-Adolphe de Suède à Breitenfeld I, en Saxe, le 17/9/1631. Réduit à se replier en Souabe, puis en Bavière, il tenta de barrer au roi de Suède le passage de Lech-am-Rain (5/4/1632) mais y fut blessé et mourut à Ingolstadt des suites de ses blessures. Il fut, avec Wallenstein, le plus grand chef militaire des Impériaux durant la guerre de Trente Ans.

TORSTENSSON, Lennart (1603 - 1651)

Feld-maréchal suédois. Protégé du roi Gustave-Adolphe, dont il fut page puis officier de camp, il reçut le commandement d'une partie de l'armée aux côtés de Banèr, puis, en 1641, il devint commandant en chef des troupes germano-suédoises en Allemagne dans le cadre de la guerre de Trente Ans (phase suédoise). Bouleversant complètement les plans de l'ennemi par la rapidité de ses mouvements, il envahit la Moravie en 1642 (diverses batailles) mais remonta vers la Saxe pour remporter la grande victoire de Breitenfeld II (le 2/11/1642).

La Suède étant entrée en guerre contre le Danemark pour le contrôle de la Baltique en 1643, il réussit une brillante expédition dans le Jutland.

Reprenant la lutte contre les Impériaux, il leur infligea de nouvelles défaites à Jüterbok (Brandebourg) le 23/11/1644 et à Jankau (Hongrie) le 6/3/1645. Il s'était mis en route pour prendre Vienne mais son armée était épuisée et lui-même, miné par la goutte, dut abandonner son commandement et regagna la Suède.

TOURVILLE, Anne-Hilarion (1642 - 1701)

Il fit ses premiers exploits de marin en tant que membre de l'Ordre de Malte en Méditerranée dans la chasse aux pirates (1661-1666). Il fut décoré par Venise qui l'avait surnommé "terreur des Turcs". Entré dans la Marine Royale (française), il fut envoyé en 1669 à Candie (Crète) en aide aux Vénitiens pour briser le blocus ottoman de la ville mais l'escadre arriva trop tard. Il prit part à la bataille navale de Solebay (dans la Manche, 7/6/72) dans le cadre d'une alliance franco-anglaise contre la puissance navale hollandaise (menée par de Ruyter), ainsi qu'aux batailles navales suivantes (Walcheren et Texel en 1673). Il fut ensuite envoyé en Sicile (batailles d'Agosta et de Palerme en 1676) qui avait demandé l'aide de la France contre les occupants espagnols, tandis que ceux-ci avaient demandé l'aide des Hollandais. Tourville retrouva donc de Ruyter. En 1688, il succéda à Duquesne. Contre la coalition d'Augsbourg (1688-1697), il mena, dans la Manche, la bataille victorieuse de Beachy Head / Béveziers (10/7/1690) mais il perdit celle bataille de Barfleur - La Houge (29/5 au 5/6/1692). Il n'avait pas dit son dernier mot. En 1693, au Sud du Portugal, il intercepta le "convoi de

Smyrne" (plusieurs centaines de bateau marchands anglais, hollandais, allemands, danois, suédois, chargés de marchandises pour le Levant, mais mal escortés) et en coula une bonne partie. Il mena encore une dernière campagne en Méditerranée (contre le port catalan de Palamos et contre le port toscan de Livourne), puis se retira en Provence, ensuite à Paris, où il mourut de tuberculose à 59 ans, en 1701.

TROMP, Martin (1597 - 1653)

Marin dès l'âge de 8 ans et lieutenant-amiral à 40, il remporta le 31/10/1639, près de Gravelines k,/ Calais (Les Downs), une importante victoire (160 navires engagés, plus de 7.000 morts) contre les transports de troupes espagnoles par voie de mer entre l'Espagne et les Flandres . En 1652, suite au Navigation Act de 1651 décrété par Cromwell (voulant réserver le commerce dans la Manche aux navires anglais), un incident mit le feu aux poudres entre une flotte de Tromp protégeant des navires marchands hollandais et une flotte anglaise conduite par Blake au large de Douvres (29/5/1652; 65 navires engagés). Tromp réussit à mener à bon port la flottille marchande mais ce fut le point de départ de la 1° guerre anglo-néerlandaise. Le même scénario se répéta quelques mois plus tard au large de Portland (du 28/2 au 2/3/1653; 150 navires engagés). Tromp, aidé par de Ruyter, réussit mais avec bien plus de pertes. Lors d'un nouvel engagement naval contre Monck au large des côtes anglaises (Gabbard Bank, le 12-13/6/1653), il dut battre en retraite. Il mourut au cours d'une nouvelle tentative (Scheveningen, le 8/8/1653). Un des plus braves marins de son temps. Son fils Cornélis (1629 - 1691) suivit ses traces. Il se distingua dans les batailles navales de Lowestoft en 1665, de Dunkerque en 1666, Texel II en 1673. Il remporta la bataille d'Öland aux côtés des Danois contre la Suède en 1676.

TURENNE, Henri de la Tour d'Auvergne, vicomte de (1611 - 1675)

Il naquit dans une famille d'ardents calvinistes. Il était le petit-fils de Guillaume le Taciturne. Son père, duc de Bouillon, avait en effet épousé Elisabeth de Nassau, fille de Guillaume. Orphelin de père à 12 ans et se destinant au métier des armes, il passa en Hollande pour y apprendre le métier sous la direction de ses oncles, Maurice et Frédéric-Henri de

Nassau. Il participa aux diverses campagnes menées contre les troupes espagnoles de Spinola et se distingua lors de la prise de Bois-le-Duc ('s Hertogenbosch, en Brabant septentrional) en 1629.

En 1630, Richelieu prit à son service cet ardent anti-espagnol. Il servit un moment sous les ordres du duc Bernard de Saxe-Weimar (duc protestant d'Allemagne soutenu par la France) et participa à la chute de Alt-Breisach, un fief habsbourgeois au Nord de la Suisse (1638). Après la mort du duc, il fut envoyé en Italie, où il remporta des succès à Casale (dans le Piémont, place forte permettant de contrôler la vallée du Pô) et à Turin, afin d'entraver l'envoi de renforts de troupes espagnoles stationnées dans le Milanais sous souveraineté espagnole à ce moment-là. La prise de Turin en 1640 lui acquit une grande réputation.

En 1642, il fit la campagne du Roussillon (région du Sud de la France sous souveraineté espagnole à ce moment-là). Très apprécié par Richelieu, il reçut le bâton de maréchal de France en 1643, à l'âge de 32 ans.

En décembre 1643, Mazarin (successeur de Richelieu) lui confia les campagnes militaires françaises en Allemagne (pour affaiblir les Habsbourg d'Autriche et entraver les renforts des Habsbourg d'Espagne). Il y coopéra avec un autre grand capitaine, Condé, le duc d'Enghien, jeune vainqueur de Rocroi. Mais ils étaient de tempérament très différents. Turenne ne parvint pas à pénétrer en Souabe (Nord de la Bavière) et fut battu à Marienthal (mai 1645) par le maréchal de l'armée impériale von Mercy. Mais il reprit l'offensive et remporta avec Condé la victoire de Nördlingen II (3/8/1645). Il s'empara ensuite de Trêves. Victorieux partout, il était en marche pour prendre Vienne lorsqu'il fut interrompu par le traité de Westphalie (1648).

Suite à la Fronde (troubles civils en France de 1648 à 1653), Turenne et Condé devinrent des ennemis (Condé étant passé au service de l'Espagne). Turenne l'emporta à Arras (1654) mais fut vaincu à Valenciennes (16/7/1656), pour retrouver la victoire aux Dunes (entre Dunkerque et Furnes) (14/6/1658), obligeant Philippe IV, roi d'Espagne, à signer la paix des Pyrénées (1659), à l'avantage de la France.

Sous prétexte de droits héréditaires en vertu de son mariage avec Marie-Thérèse, fille de Philippe IV d'Espagne, Louis XIV revendiquait les territoires des Pays-Bas du Sud (Belgique actuelle) (guerre de

Dévolution, 1667-68). Il donna à Turenne le commandement d'une armée de 50.000 h. concentrés en Picardie. Accompagné du roi intéressé à se former à l'art militaire, il prit Charleroi et Tournai au cours d'une véritable promenade militaire (l'Espagne étant épuisée), qui se termina par la prise d'Alost, aux portes de Bruxelles. Mais, pour des raisons diplomatiques, il n'osa pas aller plus loin.

Vu la facilité de la conquête, Louis XIV conçut le projet de s'emparer de tous les Pays-Bas (ce fut la guerre de Hollande, de 1672 à 1678). Pendant que le prince de Condé s'occupait du front des Pays-Bas du Sud et qu'une autre armée envahissait la Franche-Comté (possession des Habsbourg), le maréchal Turenne était chargé de contenir ou d'occuper l'armée Impériale en Allemagne (une alliance s'était créée à cet effet). Turenne battit Montecuccoli (chef militaire italien au service de l'Espagne) à Sinzheim (16/6/1674) et laissa ses troupes ravager le Palatinat. Pris à revers par les Impériaux, il les vainquit encore à Enzheim (en face de Strasbourg, 50.000 h engagés) (4/10/1674) mais ne put occuper l'Alsace. Il feignit de s'en éloigner mais, en plein hiver, il contourna la région par la trouée de Belfort, remonta sur Mulhouse (29/12/1674), vers Colmar, pour surprendre les troupes impériales en cantonnement à Turckheim (le 5/1/1675). Après bien des pertes, les deux armées se retirèrent chacune de son côté. Mais ce n'était qu'un répit pour préparer la prochaine confrontation. Elle eut lieu à Sasbach (le 27/7/1675). En passe de gagner la bataille, Turenne fut tué par un boulet perdu de canon.

VAUBAN, Sébastien Le Prestre de 1633 - 1707

Maréchal de France. Issu d'une famille de petite noblesse pauvre, il fut enrôlé à dix-sept ans dans les troupes de Condé. En 1653, il participe à son premier siège et devint très vite expert en la matière. En 1658, il dirigea les sièges de Gravelines, Ypres et Audenaerde. Il fut chargé, dans les années suivantes, d'améliorer ou de reconstruire de nombreuses fortifications de villes. En 1667, il s'empara de Douai et de Lille, qu'il fortifia. Puis il dirigea les principaux sièges de la guerre franco-hollandaise (1672-78), dont le siège éclair de Maastricht (6/6 au1/7/1673), celui de Valenciennes II (de nov. 76 au 17/3/1677) et celui de Luxembourg (du 29/4 au 3/6/1684).

Nommé commissaire général des fortifications en 1678, il entoura la France d'un système complet de fortifications d'une géométrie savante, spécialement conçues pour résister aux tirs d'artillerie et permettant, de la forteresse, des tirs croisés ne laissant aucun angle mort. Il en garnit toute la frontière Nord (Pays-Bas) et Est (Allemagne). Mais il améliora aussi les armements conventionnels (fusils à baïonnette, boulets creux, grenades, ...), les techniques balistiques et la stratégie générale (exploitation du terrain).

Il se surpassa durant la guerre de la Ligue d'Augsbourg (une large alliance contre la France) (1688-97) en s'emparant de Mons (1691), Namur (1692), Steenkerke (1692). Il rédigea plusieurs ouvrages de technique militaire.

Il s'intéressa aussi à la politique intérieure de son pays, ce qui déplût à Louis XIV. Il avait dénoncé les dangers de la révocation de l'édit de Nantes (1689), retirant aux protestants leurs quelques privilèges mais privant ainsi la France d'une énergie économique considérable (qui profita à la Prusse et à la Hollande). Il avait aussi rédigé un Projet de dîme royale (impôt unique progressif généralisé) en 1698.

WALDECK, Georges-Frédéric 1620 - 1692

Il naquit en Hesse. Il entra au service de la Hollande en 1641 et du Brandebourg en 1651. Il participa ainsi, aux côtés de la Suède, à la conquête de la Pologne en 1656. Le duc de Brandebourg ayant fait la paix avec la Pologne, il offrit ses services à Charles X de Suède dans sa guerre contre le Danemark. On le retrouve en 1683 à la bataille de Vienne dans une large coalition contre les Ottomans. En 1685, il combattit pour le compte du duc de Lorraine et de l'Electeur de Bavière. Après le départ de Guillaume III d'Orange pour le trône d'Angleterre, il fut nommé commandant des troupes hollandaises dans les Pays-Bas espagnols dans le cadre de la guerre de la Ligue d'Augsbourg. Il remporta la victoire à la bataille de Walcourt en 1689 mais fut vaincu à celle de Fleurus en 1690 et encore à celle de Leuze en 1691 par le maréchal de Luxembourg. Il décéda dans son village natal en 1692, à 72 ans.

WALLENSTEIN, Albrecht von (variante: Waldstein) 1583 - 1634

Originaire de Bohême, il fut élevé dans le protestantisme mais passa au catholicisme en 1606. Il prit le parti de l'empereur et récupéra la Moravie au bénéfice de l'empire. Ses propres terres (acquises par mariage) lui furent rendues et des terres en Bohême septentrionale (confisquées aux protestants révoltés) lui furent octroyées par l'empereur. Ce vaste ensemble fut érigé en un "duché de Friedland" (1624) qu'il administra avec compétence.

Le roi Christian IV de Danemark, ambitionnant de diriger les protestants en Allemagne du Nord (et de contrôler les ports de la Baltique par la même occasion), envahit cette région à partir de 1625. Il dut affronter les troupes impériales conduites par Tilly et celles, privées, conduites par Wallenstein. En réaction, les princes protestants formèrent une ligue qui mirent leurs troupes sous le commandement de Mansfeld, un autre condottiere. Wallenstein défit Mansfeld à Dessau (Saxe) le 25/4/1626. Il conquit ensuite toute l'Allemagne du Nord et força Christian IV de Danemark à signer le traité de Lübeck (1629). En récompense, l'empereur lui octroya encore des territoires en Silésie (le duché de Sagan, en 1627) ainsi que le Mecklembourg (Schwerin, Rostock, ..., en 1629). Arrivé au comble de sa puissance, Wallenstein se trouva en butte à la jalousie des princes de la Ligue catholique qui obtinrent de l'empereur qu'il soit relevé de ses fonctions. Il se retira, sans protester, sur ses terres.

Mais les armées impériales furent attaquées par un nouvel ennemi, le roi Gustave II-Adolphe de Suède qui vainquit Tilly à Breitenfeld I (17/9/1631) et parvint jusqu'à Munich. L'empereur, affolé, dut faire de nouveau appel à Wallenstein qui imposa ses conditions. Ce dernier recruta rapidement une armée. Il affronta Gustave-Adolphe lors de la bataille de Lützen (16/11/1632) au cours de laquelle périt le roi de Suède. Grand vainqueur, Wallenstein s'apprêtait à promouvoir une politique personnelle qui aurait consisté à réconcilier les Allemands entre eux, catholiques et protestants, en leur donnant des droits égaux et en maintenant les acquis protestants depuis Gustave-Adolphe. Sous la pression des princes catholiques, il fut à nouveau relevé de ses fonctions et fut assassiné le 25/2/1634.

WRANGEL, Carl Gustav 1613 - 1676

Chef militaire suédois. Il affronta une première fois les Danois lors de la bataille navale de Fehmann (23/10/1644).

Successeur de Torstensson à la tête de l'armée suédoise en Allemagne durant la guerre de Trente Ans, il envahit avec Turenne la Bavière et le Würtemberg (1647) et remporta la victoire de Zusmarshausen en Bavière (17/5/1648). La paix de Westphalie mettra fin à cette guerre (24/10/1648).

Il prit part à la guerre en Pologne et au siège de Varsovie, puis envahit le Danemark lors d'une 2° guerre suédo-danoise (1657-58).

Il fut encore chargé de la guerre contre le Brandebourg (1674-75) mais échoua à Fehrbellin le 28/6/1675 devant Frédéric-Guillaume de Brandebourg, marquant ainsi le déclin de l'armée suédoise et l'avènement de la puissance militaire prussienne.

NB: Ces notices sont recomposées à partir de celles des batailles et du chapitre de synthèse des grands conflits. Par ses renvois aux personnages, la "liste des batailles au 17°s." de Wikipedia donne accès à de nombreux renseignements. La base de beaucoup de notices est reprise à MOURRE,M., Dictionnaire encyclopédique d'histoire, en 8 volumes, Bordas, Paris, 1978

CHAPITRE 5

ARMEE - ARMEMENT

Il y a évidemment un lien entre l'armement disponible et la manière de faire la guerre. La généralisation et le perfectionnement progressif des armes à feu a complètement changé la donne au 17°s. La victoire appartenait aux armées qui en étaient bien équipées, qui savaient les manier et qui avaient adapté leur tactique en fonction de ces armes. Il a fallu également changer de système de défense: les hauts remparts ne servaient plus à rien contre l'artillerie. Au contraire, ils devenaient des cibles faciles. Il fallait les démanteler et construire des fortifications basses, massives, sophistiquées (à la Vauban), prenant beaucoup de place (souvent plus que la ville elle-même), modifiant leur urbanisme.

Ces armes à feu modifiaient également la relation entre combattants puisqu'elles permettaient de tuer à distance, anonymement, en série (et non plus pièce par pièce) avec un double effet: d'une part, il devenait d'autant plus facile, moralement, de tuer; d'autre part, tuer ne nécessitait plus cette décharge de haine du combat corps à corps. A la limite, il n'y avait plus d'ennemis comme tels mais des cibles désignées par un chef militaire à tel moment. D'ailleurs les combattants changeaient facilement de camp (parfois même en cours de bataille) et les prisonniers devenaient des combattants dans l'armée qui les avait capturés. Les chefs eux-mêmes changeaient de camp au gré de disputes personnelles. Les alliances se faisaient et se défaisaient (parfois avec les ennemis de la bataille précédente). Il n'y avait plus d'ennemis mais il n'y a jamais eu autant de victimes.

L'**arquebuse**, arme à feu typique du 16°s., assez lourde (dans les 15 kg) était sûre et résistante mais il fallait remplir le baquet de poudre et l'allumer avec une mèche, à l'abri de la pluie. Sa cadence était assez lente (1 coup par 5 min. à cause d'un problème de refroidissement du canon) et sa portée était limitée (30 m). Elle disparut petit à petit au profit du **mousquet**, plus léger, d'une plus grande portée (60 m) mais devant être posée sur une fourche pour le tir. Il connut de notables perfectionnements au cours du 17°s. avec la confection de cartouche pré-emballée et une mise à feu avec silex ou avec de la pyrite. Le mousquet lui-même a évolué en **fusil**, beaucoup plus maniable, au tir plus rapide (1 cartouche à la minute), plus précis et de plus longue portée (100 m). A partir de 1687, il a été équipé d'une baïonnette soudée au canon. Avec l'apparition des **pistolets**, à canon court et maniable à une main, les cavaliers comme les fantassins ont pu être équipés d'une arme à feu à bout portant.

Les traditionnelles armes blanches ont continué à être utilisées pour le corps à corps: l'**épée,** le **sabre**, le **glaive** (et toutes ses variantes),

Les armes d'hast (où le fer est emmanché sur une longue hampe) connurent un regain de faveur jusqu'à la moitié du siècle, en particulier la **pique** (env.4 m.) qui, fichée en terre ou fixée dans un soulier adapté en un angle de 90°, en formation serrée, brisait très efficacement les assauts de cavalerie. La **lance** servait d'arme pour blesser les chevaux ou pour désarçonner les cavaliers. La **hallebarde** (hast et taille), typique du 15° et 16°s., mais trop dangereuse à utiliser en rang serré, disparut progressivement (sauf comme arme de parade).

Les **tercios**, unité administrative et tactique de l'armée espagnole à partir de 1534, étaient formés de ces trois armes (d'où leur nom). Chaque tercio était composé de 3.000 hommes (leur nombre a varié dans le temps), répartis en 100 unités de 30. Il était disposé en phalange compacte (laissant une certaine distance entre chacun pour ne pas se gêner mutuellement). Les piquiers devaient être entraînés et très disciplinés pour les manoeuvres. Ils devenaient escrimeurs en cas de mêlée. Les mousquetaires faisaient feu en premier rang et se retiraient dans les lignes pour recharger leur arme. La phalange était protégée sur ses flancs par la cavalerie (ou bien toute la formation faisait un quart de tour). Le tercio fut invincible jusqu'à l'apparition de l'artillerie de campagne contre laquelle il ne pouvait rien. La bataille de Rocroi en

1643 en marqua à peu près la fin mais cette organisation militaire ne fut officiellement supprimée qu'en 1704.

Par rapport aux tercios, l'innovation fut le fait de Gustave-Adolphe de Suède qui exploita tactiquement au mieux (à partir de 1631 en tout cas) la nouvelle arme qu'était le fusil. Il eut l'idée d'étirer les fusiliers en longueur et sur 3 (ou 6) lignes de profondeur. Quand la 1° ligne avait tiré, elle se retirait à l'arrière et la 2° ligne faisait feu, de même pour la 3° ligne. Cela laissait le temps aux tireurs de la 1° ligne de recharger leur arme (et ainsi de suite) et de redevenir la 1° ligne, de manière à soutenir un feu continu. Un autre système consistait à faire tirer les trois lignes en même temps, la 1° avec un genou en terre, la 2° courbée, la 3° debout, pour ne pas gêner ce triple tir. Les trois lignes de l'arrière (d'où les 2 x 3 lignes) prenaient alors la relève pendant que les autres réarmaient. Ce n'était pas un tir de précision. Mais dans la mesure où l'armée adverse était encore organisée en phalange compacte (comme les *tercios* espagnols), le nombre de victimes pouvait être important. Ce système assura le succès des armées suédoises au 17°s.

La <u>cavalerie</u> est restée un élément important mais son rôle a fortement diminué au cours du siècle (de la moitié à 1/6° des effectifs). Elle servait à protéger les flancs des troupes d'infanterie. Elle combattait la cavalerie adverse pour dégarnir les flancs de l'armée adverse. Elle attaquait ensuite ces carrés d'infanterie pour les désorganiser, les décimer et poursuivre les fuyards. Mais les chevaux étaient des cibles faciles pour les armes à feu. Encore décisive en batailles de campagne, elle devenait de moins en moins utile (sauf pour le transport) dans les guerres de siège, de plus en plus nombreuses dans la deuxième moitié du siècle. Epées et sabres devenaient des armes de parure. Les cavaliers étaient plutôt équipés de **pistolets**, à canon court, maniable à une main.

Comme élément de protection individuelle, l'**armure complète**, très coûteuse, encombrante et inutile contre les armes à feu, a progressivement disparu des champs de batailles. Des **pièces d'armures** (casque, plastron, bassin, haut de bras, haut de jambes) restaient utiles contre les coups d'épée ou de sabre. L'**uniforme** n'a été introduit que dans la deuxième moitié du 17°s. (après la guerre de Trente Ans) dans les armées régulières. Les combattants se vêtaient de leurs vêtements habituels avec éventuellement un signe distinctif (aigrette au chapeau ou foulard de couleur).

L'**artillerie** connut un développement considérable. Le principe était déjà connu (projection mécanique de boulets de fer) mais la pyrotechnie lui donna désormais une portée et une efficacité beaucoup plus grande. A côté d'une artillerie **lourde**, fixe, équipant les forteresses ou les navires de guerre, se développa une artillerie **légère**, sur châssis à roues tirées par des chevaux (ou mulets, ou même à bras) sur le champ de bataille, de différents calibres, utilisée en début de bataille pour effrayer, enfumer et désorganiser les phalanges adverses. Les artilleurs (devenus un corps spécialisé de l'armée) utilisèrent aussi des **mortiers**, bouches à feu simples servant à lancer des obus, non sur une cible précise mais en l'air. Des tables balistiques (gravées sur le châssis) permettaient au tireur d'en estimer la trajectoire. Des fantassins spécialisés (les grenadiers) utilisaient des **grenades**, petits projectiles pyrotechniques lancés à la main provoquant une déflagration à retardement.

A cause de cette artillerie pyrotechnique, les hautes murailles des siècles précédents ne servaient plus à rien. Il fallait des **fortifications** basses, massives, "rasantes", difficiles à ébranler par des feux nourris de boulets. Les armées devaient faire appel à des ingénieurs tels le Français Vauban, le Hollandais Coehoorn (et d'autres). Ils conçurent des fortifications sophistiquées, à lignes d'obstacles successives et avec bastions en pointe offrant un champ de tir sans angles morts. Ils en équipèrent toutes les villes importantes et leurs frontières tous les 30 km sur des centaines de kilomètres (par exemple, sur la frontière entre la France et les Pays-Bas: Dunkerke, St Omer, Aire, Lille, Douai, Valenciennes, Maubeuge, Avesne, Rocroi, Mézières, Sedan, Montmédy, Longwy, Thionville et idem sur la frontière France-Allemagne). Les mêmes qui les avaient fait construire savaient comment démolir celles de l'ennemi. Après creusement de galeries en dessous de fortifications (nécessitant des terrassiers recrutés sur place), des **barils de poudre explosive** mis à feu avec des mèches plus ou moins longues par des artificiers (auxiliaires des armées en cas de siège) permettaient de les abîmer ou de les faire s'écrouler. Cet élément a provoqué, à partir de la deuxième moitié du siècle, un changement d'organisation des armées.

Désormais, il y eut de plus en plus de **guerres de siège**. Il ne servait plus à rien d'occuper les campagnes si on ne parvenait pas à prendre les villes fortifiées qui étaient devenues des villes occupées de manière permanente par une garnison. Les **régiments de garnison** étaient formés de militaires volontaires, professionnels bien entraînés et bien équipés, résidant sur place avec leur famille, régulièrement payés, relativement peu nombreux (par exemple 5.000 par ville fortifiée, coûtant moins cher finalement que les armées de campagne), assurant la défense de la ville et intervenant tout alentour. Par contre, les **régiments de campagne** intervenaient au gré des conflits (avant la constitution d'armées permanentes à la fin du siècle). Ils étaient formés à l'appel ou sur conscription (autant d'hommes par région) ou de mercenaires (surtout avant 1648) levés par des entrepreneurs militaires privés (tels Bernard de Saxe, Mansfeld, Wallenstein, Wrangel, ...), combattants peu ou pas exercés, mal équipés, indisciplinés (n'obéissant pas nécessairement aux ordres), peu fiables (ils changeaient éventuellement de camp en cours de bataille ou désertaient si la bataille devenait sérieuse), peu ou irrégulièrement payés, se payant eux-mêmes par spoliation sur la population civile locale, nécessairement nombreux (de 20.000 à 200.000 hommes selon les batailles), loin de chez eux (mais emmenant parfois femmes et enfants derrière eux), nécessitant une logistique très longue et très lourde d'acheminement et de ravitaillement, avec de longues périodes de désoeuvrement, non-maîtrisables après bataille, etc... Pour palier à ces inconvénients, Louvois, véritable ministre de la guerre de Louis XIV, mit sur pied des armées permanentes régulières sous l'autorité exclusive du roi, pourvues d'arsenaux avec des armes standardisées, de magasins militaires assurant l'intendance, d'un service de santé pour les blessés.

Les **batailles navales** prirent de plus en plus d'importance, l'enjeu étant le contrôle des mers (Mer Baltique, Manche, Méditerranée, Mer Noire, Mer Adriatique) et la sécurité des voies commerciales. Celles-ci furent mises à mal par la **piraterie** (entrepreneurs privés visant uniquement le butin et les prisonniers pour leur revente comme esclaves ou contre rançon) et la **guerre des courses** (à la poursuite de navires marchands), les corsaires travaillant (en partie) pour le compte de leur Etat. Les navires de guerre devinrent des forteresses maritimes (jusqu'à 400 canons). En dehors de leurs missions de guerre, ils escortaient habituellement les convois de navires marchands (hollandais, anglais, vénitiens, français,...) contre les pirates et les corsaires.

La **tactique** n'était pas encore le point fort des chefs militaires. Les plus cultivés d'entre eux (un Turenne, un Condé, ...) avaient lu les manuels de l'Antiquité romaine (César, Frontin, Végèce, Polybe) ou plus contemporains (Machiavel, Montecuccoli, ...) et en adaptèrent les principes ou, en tout cas, furent attentifs à ces éléments. Le plan de bataille était décidé en concertation entre chefs. Mais si on s'y tenait de manière rigide, on pouvait négliger des opportunités favorables. A l'inverse, si un chef prenait l'initiative de profiter d'une opportunité, il pouvait perturber tout le plan, sans réussir son opération. Les **défaillances de communication** pendant la bataille furent un gros problème.

Ces grandes campagnes ont, certes, généré toute une **économie de guerre** et de grosses fortunes (pour des banquiers finançant ces guerres, pour les fournisseurs d'armes et de ravitaillement, pour les entrepreneurs de chantiers navals, dans le commerce de dizaines de milliers de chevaux, etc...) mais des pays entiers s'y sont ruinés (l'Espagne d'abord, l'Allemagne ensuite, la France finalement) et y ont ruiné leurs habitants (par les taxations supplémentaires), ont dépeuplé des régions entières (il y eut sans doute plus de victimes civiles que dans toutes les batailles réunies), désorganisant toute l'économie ordinaire pendant des générations et démotivant les gens à travailler encore.

Les **conséquences humaines** furent dramatiques. En effet, les batailles rangées se multiplièrent (plus d'une centaine sur un siècle, uniquement parmi les batailles internationales et parmi les plus importantes de celles-ci, et une vingtaine de grandes batailles navales). Elles mirent aux prises de plus en plus d'hommes (20.000 hommes x 2 pour ces batailles "importantes" et jusqu'à 100.000 x 2 pour le siège de Vienne en 1683). Elles furent très meurtrières (de l'ordre de 25.000 morts en un jour sur 100.000 combattants, non compris les invalides à vie et autres blessés. En dehors des victimes des batailles, des armées entières (jusqu'à 2/3) furent décimées par des épidémies vu la promiscuité et le manque d'hygiène. Certaines régions furent plus touchées que d'autres. La plus touchée fut l'Allemagne pendant la guerre de Trente Ans, les Pays-Bas méridionaux (la Belgique actuelle) par la guerre franco-espagnole sous Louis XIII et la guerre franco-hollandaise sous Louis XIV, et ensuite l'Autriche-Hongrie et l'Europe centrale à cause des guerres austro-ottomanes.

TABLE DES MATIERES

Printed by Books on Demand GmbH, Norderstedt / Germany